모두가 참여하는
수업에는법칙이있다

KB142423

모두가 참여하는
수업에는 법칙이 있다

한형식 지음

테크빌교육

　부끄러운 얘기입니다만, 저는 교사 시절에 수업이 서툴러 이른바 학습부진아를 많이 만들었습니다. 제가 하는 수업마다 제대로 학습한 아이군(群)(이하 A군으로 약칭함)과 학습을 불완전하게 하거나 실패한 아이군(이하 B군으로 약칭함)의 양군(兩群)으로 나누어지곤 했던 겁니다. 그런 사람이 《모두가 참여하는 수업에는 법칙이 있다》라는 제목의 책을 내는 건 참으로 외람된 일이 아닐 수 없습니다. 저의 서투른 수업으로 인해 부진아가 되어, 그 영향으로 삶을 어렵게 살고 있는 제자들께 충심으로 사죄합니다. 그리고 늦게나마 A·B 양군으로 나누어지지 않는 수업기술을 알게 되었기에, 젊은 선생님들께서는 저와 같은 전철을 밟지 않기를 바라는 마음으로 이 책을 내놓게 되었습니다.

저는 20대 후반에 부설초등학교 교사가 되었습니다. 그리고 부설초등학교 부임 첫날에 교장 선생님의 말씀을 듣고 수업기술의 모색이라는 무거운 짐을 지고 평생 동안 한 길을 걷게 됐습니다. 그때 교장 선생님께서는 "부설학교는 교생들에게 수업기술을 가르치는 학교인데 준비는 되어 있습니까?" 하고 물으셨습니다.

부설초등학교는 3대 임무를 가지고 있으며 그 중의 하나가 교생들에게 수업 방법과 기술을 가르치는 일입니다. 그러므로 제대로 된 수업 방법과 기술을 시범을 통해서 가르쳐야 합니다. 그러나 부족했던 저는 수업마다 제대로 시범하지 못함을 가책하고 고뇌하는 나날을 보내야 했습니다. 이렇듯 필자의 수업 수련은 타의 반, 자의 반으로 시작되었습니다.

그로부터 50여 년이 흘렀습니다.

그동안 제 머릿속은 A·B 양군화(兩群化)에 대한 문제의식과 그 해결 방법을 모색하는 일로 항상 가득하였습니다. 초기에는 당시 교육 지도자들의 이론을 무비판적으로 수용하여, A·B 양군화 현상은 인간이 가지고 있는 능력의 개인차로 인하여 생기는 불가피한 필요악으로만 알고 있었습니다. 그러니까 A·B 양군화의 책임은 저쪽, 곧 어린이 쪽으로 돌리고 스스로에게 면죄부를 줬던 겁니다. 지금 생각해보면 그런 어리석은 생각으로 한 수업 때문에 부진아로 만들어진 당시의 제자들에게 씻을 수 없는 죄를 지었음을 깨닫고, 그들에게 사죄할 말이 없을 뿐입니다.

교사로서의 연륜이 쌓이면 쌓일수록 책임을 아이들에게 돌리는 일에 차차 회의를 갖게 되었습니다. 특히 널리 회자된 바 있는 J. S. 브루너 교수의 다음 가르침은 저에게 큰 계기가 되었습니다.

'못하는 아이는 없다. 그들이 못하는 것은 가르치는 내용과 가르치는 방법에 책임이 있다.'

인식을 바꾸고 나니 필자 자신의 수업에서는 물론, 참관하게 되는 많은 수업에서 A · B양군으로 분열시키고 있는 요인이 보이기 시작하였습니다. 조금 더 구체적으로 말하자면 수업이 지적 순발력이 좋은 일부의 어린이들을 대상으로 이루어지고 있는 사실을 발견할 수 있었습니다. 그리고 이와 같이 이루어지는 수업 방법으로는 지적 순발력이 좋은 일부의 어린이들을 제외한 다수의 보통 아이들은 학습이 불가능할 수밖에 없다는 사실을 깨달았습니다. 이런 사실의 발견에 입각하여 지적 장애가 없는 보통의 아이라면 누구나 제대로 학습할 수 있는 수업 방법을 모색하게 되었습니다.

그 구체적이며 실천 가능한 수업 방법을 찾아내기 위해 많은 수업을 참관함으로써 일부의 아이들만 제대로 배울 수 있게 만드는 문제 있는 수업 방법을 찾았습니다. 그리고 연구 분석하여 그 대안(代案)을 마련하였으며 대안마다 효과를 직접 검증했습니다. 이와 같은 방법으로 1,200여 학급의 수업 참관을 통해서 발견한 A·B 양군으로 분열시키고 있는 원흉(元兇)이라고 생각되는 30여 가지의 수업 방법을 선정하여 저마다 그 대안을 마련하였습니다. 그 중의 17가지를 이 책에서 정리하였으며, 나머지는 이후에 제안하고자 합니다. 이를 통해 보통의 아이들이 A·B 양군으로 분열되는 현상을 고민하고 계시는 선생님들께 조금이라도 도움이 되었으면 하는 소망을 가져 봅니다.

이 책을 만듦에 있어서 많은 선생님들의 정성어린 도움을 받았습니다. 실험 수업을 할 수 있도록 적극적으로 도와주신 교장 선생님들, 대안을 검증하는 수업도 해 주시고, 원고를 정리하는 일을 도와주신 '한국 수업기술 연구회(KAIS)'와 '솔빛 수업기술 연구회' 선생님들께 진심으로 감사 올립니

다. 아울러 이 책을 발간하여 주신 테크빌교육의 이형세 대
표이사님께 감사 올립니다.

2015년 1월 15일
한형식

차 례

III. 수업의 실제

I

현재의 수업이 직면한 가장 큰 문제

두 부류로 나뉘는 교실 속 아이들

　필자는 수업기술을 연구하는 관계로, 일반 수업이든 연구 수업이든 기회만 있으면 거리를 가리지 않고 찾아가서 참관하고 있습니다. 그와 함께 필자가 직접 하는 수업도 되도록 자주 하려고 노력하고 있습니다. 그리 많은 횟수는 아닙니다만, 전국 각지에서 불러 주신 덕분에 1,500여 학교에서 수업기술을 강의하고 시범수업을 하였으며 그 중 1,200여 학교에서 해당 학교 선생님 한 분의 수업을 참관할 수 있었습니다.

　필자는 선생님들의 연수를 위한 강의 섭외를 받으면 불러 주신 교장 선생님께 두 가지 요청을 하곤 했습니다. 하나는 강의에서 시범수업 요청이 없을 때는 시범수업을 할 수 있도록 계획해 달라는 것과, 다른 하나는 해당 학교 선생님 한 분의 수업을 한 시간 가량 참관시켜 달라는 것이었습니다. 다행히 대부분의 교장 선생님들은 요청을 허락해 주셨으며, 그 덕택에 전국에서 시범수업과 수업 참관할 수 있었습니다.

필자가 굳이 시범수업을 하는 것은 수업기술은 강의를 듣기만 하는 것보다 시범수업을 먼저 보고 강의를 듣는 편이 이해하기 쉽고 실천으로 이어질 가능성이 훨씬 높기 때문입니다. 아이들의 하교 시간 등으로 인해 아이들을 대상으로 하는 수업이 어려운 연수에서는 선생님들을 대상으로 하는 모의 수업으로 시범하곤 했습니다.

그리고 학교의 수업을 참관하는 것에는 세 가지 목적이 있습니다. 첫째는 수업자를 격려하고 수업기술을 지도하기 위해서이며, 둘째는 모든 아이들이 능동적으로 참가하여 제대로 학습하고 있는 경우에 적용된 수업의 방법을 찾기 위함이고, 셋째는 지적 장애가 없는 보통의 아이가 학습을 불완전하게 하거나 실패하는 수업이 어떤 방법으로 이루어지고 있는가를 포착하기 위해서입니다. 외람된 말입니다만 그 과정에서 '그렇게 수업을 하니 제대로 학습한 소수의 아이군(群)과 불완전하게 학습하거나 실패하는 다수의 아이군으로 양분될 수밖에 없지!'라고 생각되는 수업 장면을 실로 많이 봤습니다.

특기할 부분은 아이들을 양분시키는 수업의 방법이 여러 가지임에도 불구하고, 마치 약속이나 한 것처럼 필자가 참관한 거의 모든 수업에서는 그 방법들이 거의 똑같이 사용된다는 점이었습니다.

교실의 치명상, A · B 양군화(兩群化) 현상

필자는 현행 수업의 가장 큰 문제점이 '학급당 아이 수의 많고 적음과 무관하게 거의 모든 학급에 학습을 제대로 성취한 아이군(群)과 학습을 불완전하게 하거나 실패한 아이군의 양군으로 분열되는 현상이 나타나고 있는 현실'이라고 생각합니다. 본서에서는 편의상 전자를 A군(群)으로, 후자를 B군으로 약칭하기로 하겠습니다.

B군이란 지적 장애가 없는 보통의 아이임에도 불구하고 마땅히 수행해야 하는 학습을 불완전하게 하거나 실패하는 아이들입니다. B군 아이들은 그들이 속하는 학급 사회에서 어떻게 생활하고 있을까요? 그들은 날마다 당당하게 발표하고, 칭찬받고, 기뻐하는 A군들의 모습을 보면서, 그렇게 하지 못하는 자신의 초라한 모습에 실망하며 365일을 열등감,

차별감, 소외감의 오한(惡寒)에 떨며, 재미도 희망도 없는 나날을 살고 있을 수 있습니다. 학교에 오는 것이 마치 학교의 규칙을 지키고, 교실을 청소하고, 급식을 먹기 위해서 학교에 오는 것 같다고 여기고 있을까 우려됩니다. 그들은 누구로부터도 인정받지도, 주목받지도 못하는 초라한 자신을 한심스러워하고 있지 않을까요. 현재의 교실은 물리적으로는 밝고 따뜻함에도 불구하고, 이 아이들에게는 어둡고 차가운 심리적 공간이 되어 있을 것입니다.

이 아이들은 공부하기를 싫어하지만, 선생님이 가르쳐 주는 지식을 아는 것을 거부하거나 싫어하는 것은 아닙니다. 그들도 지식을 알고자 절실히 소망하고 있으며 알고자 하는 기본 욕구, 곧 본성을 가지고 있습니다. 오직 수업이 그 욕구를 충족시킬 수 없게 이루어진 탓에 그들은 학습부진아로 만들어진 것뿐입니다.

지금의 한국 사회는 무한 경쟁이 이루어지는, 그야말로 힘의 논리만이 지배하는 사회입니다. 따라서 아이 각자는 예외 없이 그런 사회를 살아감에 필요한 '삶의 능력'을 갖추어야 합니다. 그러기 위해서는 그 기초·기본적인 능력을 기르는 초등학교 학습을 충실하게 해야 함은 말할 것도 없습니다.

그런데 초등학교 학습이 불완전하게 이루어지거나 실패

하여 이른바 학습부진아가 된다면, 그의 장래는 매우 불안하다고 아니할 수 없습니다. 교사로서의 오랜 체험을 통해 한번 학습부진아가 되면 회복하기 어렵고, 불행하게도 인생에서 낙오할 가능성이 매우 높음을 알게 됐습니다. 그러므로 초등학교에서는 지적 장애가 없는 보통의 아이 모두가 교육과정이 요구하는 공통 필수의 학습 내용, 곧 삶을 살아갈 수 있는 능력의 기초·기본을 완전하게 학습할 수 있도록 보장하지 않으면 안 됩니다. 그럼에도 불구하고 오늘날 거의 모든 수업에서 많은 수의 보통 아이들은 제대로 학습하지 못하고 있습니다. 걱정스럽기 그지없습니다.

A · B 양군으로 분열시키는 수업의 방법

앞서 B군을 만드는 수업들이 마치 약속이나 한 듯 거의 같은 방법으로 이루어지고 있음을 지적했습니다.

문제가 되는 수업 방법들을 몇 가지 소개해보겠습니다.

첫째, 발문 – 응답의 경우

발문에 대한 응답이 교사의 머릿속에 있는 답과 다르면 버

려지고, 아이들로 하여금 다시 거수하게 하여, '지명 – 발표'
하게 합니다. 그것이 교사의 머릿속에 있는 생각과 일치하
면, '수용 – 칭찬'에 이어 코멘트 하고 다음으로 나가는 것이
일반적인 수업의 방법입니다. 그러니까 거의 모든 수업이 상
위 20~30%의 고학력인 일부 아이들을 대상으로 이루어지
고 있다고 할 수 있습니다. 당연히 학급은 A · B 양군으로 분
열될 수밖에 없습니다.

둘째, 모둠학습의 경우

지금 교실에서는 4명이 한 모둠인 모둠별 활동이 흔히 이
뤄지고 있습니다. 그런데 그 활동을 보면 모둠원끼리의 토의
가 보통인데, 1~2명의 아이가 의견을 말하고 다른 아이들은
그저 듣고 있는 것이 보통입니다. 토의한 결과를 용지에다
정리하여 발표하는 경우도 일반적인데 이때 용지에 하는 정
리와 발표도 늘 하는 1~2명의 아이가 행하며 다른 아이들은
늘 그것을 보고 있는 것 또한 일반적인 교실의 모습입니다.
이때 토의에 참가하고 결과를 발표하는 아이는, 역시나 고학
력인 우수아들입니다.

셋째, 토론수업의 경우

어쩌다 이루어지는 토론에서도 일부의 아이들이 행하며 다른 아이들은 역시 방관하고 있는 것이 일반적입니다. 이때 토론하는 일부의 아이들은 역시 소수의 고학력 아이들입니다. 여기에서도 보통의 아이들은 A·B양군으로 분열 당하고 있습니다.

겨우 세 가지 경우만을 살펴보았지만, 거의 모든 경우에 일부의 우수아들이 학습의 당사자이자 능동적 주체로서 참가하고 여타의 다수 아이는 학습의 피동적 객체로서 방관하고 있는 것이 일반적인 현실임을 발견할 수 있었습니다.

수업은 지적 장애가 없는 보통의 모든 아이에게는 달성시키고자 하는 목표가 있으며, 아이 각자가 그 목표를 달성할 수 있기 위해서는 선택된 의미 있는 내적·외적 행동을 각자가 직접 행해야만 합니다. 아무것도 행하지 않았는데 학습이 성립되는 경우는 없기 때문입니다. 뿐만 아니라, 학습이란 누구도 대신해서 해 줄 수 없으며, 각자가 온몸으로 직접 행했을 때만 비로소 달성할 수 있는 것이기 때문입니다. 그런데 현행 수업은 모든 아이 각자가 행하지 못하고 일부의 고학력 아이들만 행할 수 있도록 이뤄지고 있습니다.

우리의 선생님들이 그토록 열심히 가르치고 있어도 교실이 A·B 양군으로 분열되는 것은 고학력 아이들, 곧 A군들이 잘 배울 수 있도록 수업하는 기술은 가지고 있지만 B군들까지도 잘 배울 수 있도록 가르치는 수업기술은 아직 갖고 있지 못함을 증명해주는 현상이라고 생각합니다. 지적 장애가 없는 모든 아이들이 제대로 배울 수 있게끔 하는 수업기술을 모든 선생님들이 서둘러 체득해야 할 필요성이 있다고 봅니다. 그래서 본서는 지적 장애가 없는 한 모든 아이들이 제대로 학습할 수 있는 수업기술, 그리고 의지만 있으면 어떤 선생님도 실천할 수 있는 수업기술을 전수하고자 합니다.

II

모두가 참여하는 수업 만들기

01
전원이 똑같은 문제의식을 가져야 한다

해결해야 할 수업의 문제점
– 묻지 않는데 가르친다

수업은 아이 각자로 하여금 사고하게 함으로써, 사고력을 기르는 일입니다. 따라서 수업 속에서 아이들은 부단히 사고해야 합니다. 실제적인 사고를 함으로써 사고력이 길러지기 때문입니다.

그러나 아이들은 교사가 원하는 때에 원하는 대로 사고하는 그런 편리한 존재가 아닙니다. 아이 각자가 사고하지 않을 수 없도록 교사가 꾀하지 않으면 안 되는 까닭입니다.

그렇다면 아이를 포함하여, 사람은 어떤 경우에 능동적으로 사고하게 될까요?

사람이라면 누구나 '문제의식'을 가졌을 때, 누구의 강요가 없어도 그 상황이 끝날 때까지 능동적으로 사고하는 본성을 가지고 있습니다. 따라서 아이로 하여금 사고하도록 하기 위해서는 그들의 내부로부터 '이상하다! 왜 그러지?' 하는 물음, 곧 문제의식이 내발되도록 돕지 않으면 안 됩니다. 다시 말하자면 내발하지 않은 채, 누구로부터 문제가 주어지기만 하면 아이는 스스로 사고하지 않으며 피동적으로 움직이게 됩니다. 그럼에도 불구하고 현행 수업은 아이들로 하여금 문제의식을 내발하게 하는 일을 소홀히 하고 있는 것이 일반적인 현실입니다.

T 오늘은 어디를 공부하기로 돼 있습니까?
Cn 컵 안의 종이배가 어떻게 되는지 알아봅니다.
T 그렇습니다. 그럼 교과서 34쪽을 펴세요.

위의 예시처럼 교과서의 내용과 순서에 따라, 수업이 이루어지는 것이 우리 교육의 일반적인 현실이 아닐까요? 그렇다보니 아이들은 '이상하다! 왜 그러지?', '그럴 리가 없는데?' 하는 문제의식도, 그것을 학습하지 않으면 안 되는 필요성도 느끼지 못한 채 피동적으로 지식을 따라 배우고 있습니다. 이런 수업에서도 제대로 학습할 수 있는 적성을 가진 아이는 제대로 학습하지만, 그렇지 못한 대부분의 아이들은 불완전하게 학습하거나 실패함으로써 이른바 A·B양군으로의 분열이 일어나게 됩니다.

이제부터 다른 모든 조건이 같으면 문제의식이 강한 쪽이 학습 집중도 및 학습 성취도가 높다는 사실, 즉 문제를 의식하는 강도와 학습 집중도 및 사고의 깊이가 정비례한다는 사실을 새삼스럽게 음미하고자 합니다.

문제의식을 내발하게 만드는 기술

1. 문제의식을 내발하게 만드는 기술의 총칙

> 지적 균형을 잃게 함으로써 심진(心震)을 일으킨다.

초등학교 3학년 과학과 1단원 '액체와 기체의 부피'에는 '컵 안에 떠 있는 종이배가 어떻게 되는지 알아봅시다'라는 과제가 있습니다. [그림 1]과 같이 준비하여, 컵을 물 속에 수직으로 밀어 넣었을 때 어떤 현상이 일어나는가를 관찰하고, 그런 현상이 일어나게 되는 까닭을 생각해보게 하는 내용입니다. 이 내용을 다루면서 모든 아이에게 문제의식이 내발되도록 하기 위해 어떻게 수업이 이뤄졌는가를 소개합니다.

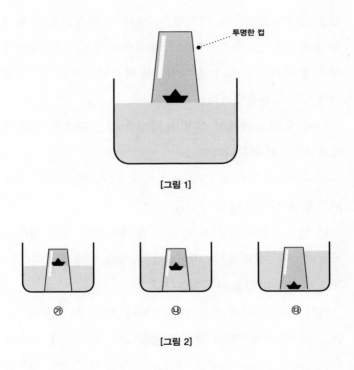

[그림 1]

[그림 2]

우선 칠판에 [그림 2]와 같이 세 가지 경우를 제시하고, 아이들에게 [그림 1]에서 컵을 물속으로 바닥까지 밀어 넣었을 때 ㉮, ㉯, ㉰ 중 어떤 현상이 일어날까를 예상하게 하였습니다. 아이들의 예상은 ㉮에 3분의 2, ㉯에 3분의 1쯤 분포하였으며, ㉰를 예상하는 아이는 없었습니다.

이어서 아이 모두가 집중적으로 응시하는 가운데 서서히 컵을 밀어 넣었습니다. 아이들은 하나의 열외자도 없이 굉장한 집중 상태였습니다. 컵에 물이 들어가지 않은 채 종이배가 점점 내려가는 것을 본 아이들은 여기저기에서 "앗! 이상하다?" 하고 놀랐습니다.

이때, ㉯의 상태에서 컵 밀어 넣기를 일단 멈추고 "어떻게 될까요?"라고 묻습니다.

아이 대부분은 ㉯와 같이 될 것이라고 대답했습니다. 계속해서 컵을 서서히 밀어 넣었습니다.

컵 안으로 물이 들어가지 않은 채 종이배는 계속 내려가 마침내 ㉰와 같이 되자 아이들은 저마다 "와! 이상하다!", "왜 그러지?"라며 놀라워했습니다.

이제 모든 아이가 똑같이 '이상하다! 왜 그러지?'라고 묻는, 이른바 문제의식을 갖게 되었습니다. 아이들이 '저마다 나름대로 사고하는' 능동적 주체로 전환된 것입니다. 이처럼 아이들 모두가 똑같이 묻는 주체로 전환된 것은 그들의 눈앞에서 벌어진 현상이 그들이 가지고 있는 지식이나 상식과 어긋나고 모순되기 때문입니다. 그들이 갖고 있던 지식이나 상식이 완전하게 부정됐기 때문입니다. [그림 2]의 ㉮와 같이 되리라는 것이 그들의 상식인데, 그것이 완전히 틀린 지식이라는 걸 직접 보여줌으로써 '이상하다? 왜 컵 안으로 물이 들어가지 않을까?', '컵 안으로 물이 들어가지 않는 까닭은 무엇일까?' 하는 강한 문제의식을 갖게 된 것입니다.

인간은 사물 현상을 볼 때, 자신이 기왕에 가지고 있는 지식·상식·경험의 안경을 끼고 보게 됩니다. 그래서 저쪽에서 오는 정보가 자신의 것과 일치하면 안정감을 누리며, 사고할 필요가 없어져 사고하지 않습니다. 그러나 자신의 것과 일치하지 않고 자신의 지식·상식·경험과 어긋나거나 모순되거나 그것을 부정하는 정보에 접하게 되면, 지적 균형을 잃고 '심진(心震)'을 일으키게 됩니다. 그리고 사람이라면 누구나 지적 균형을 잃게 되면 지적 활동을 제대로 할 수 없게 되며, 잃어버린 균형을 회복하기 위해서 노력하게 됩니다. 이때 잃어버린 균형을 회복하기 위해서 하는 노력을 사고라고 합니다.

그러므로 아이로 하여금 능동적으로 사고하도록 하기 위

해서는 그들이 가지고 있는 지식·상식·경험을 부정함으로써 지적 균형을 잃도록 의도적으로 꾀해야 합니다. 그러면 누구든지 심진을 일으켜 '왜 그러지?', '그 까닭은 무엇이지?' 하는 문제의식이 내발(內發)하여, 문자 그대로 묻는 주체가 되어 사고하게 됩니다.

여기에서 '심진'이라는 단어에 대하여 조금 부연하고자 합니다. 이 단어는 실은 필자가 만들어 사용하고 있는 조어입니다.

장작불이 꺼지려 하면 쑤석거려야 합니다. 산소의 공급이 제대로 되지 않음으로 인해 일어나는 현상이니 산소를 공급하기 위해서 장작개비로 쑤석거려야 합니다. 또한 잠시 오른 연이 내려오면 연줄을 꼬드기면 다시 올라갑니다. 이와 같이 교사는 부단히 아이들을 지적으로 쑤석거리고 집적거리며 꼬드겨 지적 균형을 잃게 함으로써 아이들의 마음에 지진을 일으켜 능동적으로 사고하고 행동하도록 노력해야 합니다. 하지만 앞에서 말한 바와 같은 의미의 꾀함을 한마디로 말할 수 있는 말을 아직 찾지 못하여 '마음의 지진을 일으킨다'는 뜻으로 '심진(心震)'이라는 말을 만들어 사용하고 있습니다. 말을 함부로 만들어 쓰는 일이 바람직하지 않음을 알고 있습니다만, 꼭 맞는 말을 찾을 때까지 잠정적으로 사용하고

자 합니다.

위에서 '문제의식을 내발하게 하는 기술 전체에 공통되는 총칙', 곧 '지적 균형을 잃게 함으로써 심진을 일으킨다'를 논하였습니다만, 이것은 말 그대로 총칙이어서 그만큼 추상적입니다. 그래서 '실제 상황에서 어떻게 해야 하는가'에 답을 주는 실제적, 구체적 방법은 따로 생각할 필요가 있습니다.

보다 적용하기 쉬운 구체적 기술들은 마련되어 있습니다. 필자는 이것을 '총칙(總則)을 구체적으로 실천할 수 있는 기술'이라는 뜻으로 '하위 기술'이라고 부르고 있습니다.

이에 대해서는 졸저 ≪수업사례로 배우는 수업기술의 법칙≫에 자세하게 논하였으므로 여기에서는 그 중에서도 중요한 몇 가지에 한하여 소개하기로 합니다.

(1) 아이가 가지고 있는 지식·상식·경험, 고정 관념 등과 어긋나고 모순되는 정보, 또는 그것을 부정하는 정보를 제공한다

이 법칙은 위에서 예를 든 수업 사례(컵 안으로 물이 들어가지 않는 현상을 본 아이들에게 강한 문제의식이 내발된)에서 설명했으므로, 더는 논할 필요가 없지만, 워낙 적용의 폭이 넓고 중요한 하위 법칙이므로 수업 사례를 하나만 더 소개하기로 합니다.

초등학교 6학년 체육과에 '흡연'의 해독(害毒)을 지도하는 수업 사례의 도입 부분입니다. 수업이 시작되자마자 바로 '폐암, 인후암, 위암, 신장암, 췌장암, 방광암, 폐기종, 기관지염 등 무서운 병을 거의 날마다 돈을 주고 사서, 몸 안에 쌓고 있는 사람이 있습니다. 거의 날마다 돈을 주고 사고 있는 것은 무엇일까요?'라는 물음을 던졌습니다. 기이한 상황을 들은 아이들은 '그런 사람이 실제로 있습니까?' 묻는 등 강한 문제의식이 내발되었습니다. 이어서 아이들은 한 사람의 열외자 없이 전원이 묻는 주체로 전환되었습니다.

(2) 애매하고 불확실한 정보를 제공하여 지적 기로에 서게 함으로써 헷갈리게 한다

초등학교 4학년 국어과 교재에 〈아름다운 싸움〉이라는 글이 있습니다. 내용을 요약하면 다음과 같습니다.

가난한 고물 장수가 헐값으로 사온 고물을 분류하고 있는데 금덩이가 나왔습니다. 그는 눈이 휘둥그레지며 '하루아침에 부자가 되었다!'며 기뻐하였습니다. 그러나 시간이 흐를수록 자신의 것이 아님을 깨닫고, 주인에게 돌려주기 위하여 고물을 팔았던 주인을 찾아갔습니다.

주인은 고물 장수의 정직한 마음에 감동하여 금덩이를 고물 장수에게 주고자 "돈을 받고 팔았으니, 고물 안에 무엇이 들어 있든지 그것은 당신 것이요"라고 말하며 받지 않았습니다.

고물 장수도 "아무리 돈을 주고 샀다 하더라도, 이것은 당신의 것입니다"라고 말하고 주인에게 주었지만, 주인은 받지 않았습니다.

이 이야기를 읽고, 다음과 같은 문답이 이루어졌습니다.

T : 고물 장수의 말이나 행동으로 미루어, 고물 장수는 어떤 마음을 가진 사람이라고 생각합니까? 카드에 적어서 선생님께 가져오세요.

Cn : (전원이 '정직한 사람', '착한 사람'이라고 쓴 카드를 제출하였음)

T : 여러분은 모두 '정직한 사람', '착한 사람'이라고 썼습니다. 그런데 순이(가상의 4학년 아이)는 고물 장수는 결코 "정직한 사람이 아닙니다. 왜냐하면, 아무리 돈을 주고 사온 고물일지라도 주인은 그 속에 금덩이가 들어 있는 것을 모르고 팔았을 것이니 그것은 고물 장수의 것이 아닙니다. 그런 것을 잘 알면서도 눈이 휘둥그래지며 하루아침에 부자가 되었다고 기뻐한 것은 남의 것을 가지려고 마음먹은 것입니다. 그러므로 고물 장수는 결코 정직한 사람이 아닙니다"라고 말합니다.

별 생각 없이 '정직한 사람'이라고 똑같은 생각을 하였던 아이들은 순이의 생각을 듣고 어느 쪽이 옳은지 헷갈리는 것이었습니다.

T : 듣고 보니 순이의 생각이 옳다고 생각하는 사람은 'O' 표, 옳지 않다고 생각하는 사람은 'X' 표 하세요.

이 물음에 대해 아이들은 각자 나름 골똘히 생각하였으며 그 결과를 'O' 아니면 'X'로 표기하였습니다. 결과는 O : X = 2 : 3의 비율로 처음의 생각을 버리고 순이의 생각에 동조하는 아이들이 많았습니다. 이러한 변화는 아이들이 저마다 강한 문제의식을 갖게 된 결과입니다.

사람은 어느 한쪽을 선택해야 할 때, 곧 지적 기로에 섰을 때는 망설이며, 사고하는 본성을 가지고 있습니다. 이때 하게 되는 사고를 기로사고(岐路思考)라고 합니다. 그러므로 아이들로 하여금 사고하도록 하려면, 애매하고 불확실한 정보를 제공하여, 지적 기로에 서게 함으로써 헷갈리게 해야 합니다.

(3) 예상 밖의 의표를 찌르는 정보를 제공함으로써 물음이 내발하도록 한다

5학년 1학기 과학과의 첫째 단원은 '우리의 몸'입니다. 이 단원으로 진입함에 즈음하여 도입을 어떻게 했는가를 소개하겠습니다.

모든 공부가 그렇지만, 새 단원의 학습으로 진입할 때는 아이들 전원이 해당 단원의 학습에 관한 강한 지적 호기심과 기재적 흥미를 가져야만 합니다. 그렇게 하기 위한 방법의 하나로 아이들 각자의 내면에서 치솟아오르는 물음, 곧 강한 문제의식을 갖도록 하는 기술들이 있습니다. 그 중 하나로 '예상 밖의 의표를 찌르는 정보를 제공함으로써 물음이 내발

되도록 한다'는 기술이 있습니다.

> T : 우리가 손에 상처를 입었을 때면 빨간 피가 나옵니다. 이
> 피를 혈액이라고 합니다. 피를 혈액이라고 부른다는 걸 알고 있
> 었던 사람, 손들어 보세요.

모두가 거수하였습니다. "오! 모두 훌륭한 과학자로 자랄
수 있는 싹을 갖고 있네요" 하고 칭찬 격려함으로써 기쁨을
안고 학습에 임하도록 하였습니다.

> T : 여러분은 수돗물이 수원지에서 우리 집까지 크고 작은 수
> 도관(이때 짧게 잘린 가는 수도관을 보여주며)을 통해서 와 있다
> 가 수도꼭지를 틀면 수돗물이 나온다는 걸 알고 있습니까? 알고
> 있는 사람은 손을 드세요.

전원이 손을 들었습니다.

> T : 우리의 몸에는 이 크고 작은 수도관과 같이, 크고 작은 관
> 이 있으며 이 관을 통해서 우리의 온몸으로 피가 흐르고 있습니
> 다. 물이 흐르는 관을 수도관이라고 부르는 것처럼 피가 흐르는

크고 작은 관을 혈관이라고 부릅니다. 우리의 몸은 어느 곳에 상처를 입더라도 빨간 피가 나옵니다. 이것으로써 우리의 온몸에 혈관이 연결되어 있으며 혈관을 통해 피, 곧 혈액이 온몸을 흐르고 있음을 알 수 있습니다. 그런데 우리의 몸 구석구석에 있는 혈관의 길이를 모두 합치면 얼마나 되는지 알고 있습니까?

거수하는 아이가 없었습니다.

　T : 우리가 모르는 것이라도 짐작해 보는 것이 슬기로워지는 좋은 방법입니다. 우리의 몸 구석구석까지 혈액을 보내주고 있는 혈관의 길이가 몇 m나 되는지 짐작해 봅시다.

그리고 다음과 같이 '1,000'을 판서하고 멀리 띄어서 m를 판서한 후 네모로 묶었습니다.

보기
1,000　　　　m

아이들은 숫자를 보고는 "그렇게 깁니까?!" 하며 놀라워

했습니다.

이어서 1,000 다음에 0을 하나 더 판서하여 10,000이 되자 아이들은 "와!", "워!" 외치며 놀라워 했습니다. 그리고 0을 하나 더하여 100,000이 되자 아이들은 더 큰 놀람을 나타냈습니다. 마지막으로 m의 왼쪽에 k를 판서하여 100,000km가 되자 아이들은 벌어진 입을 다물지 못하였습니다.

아이들이 놀람을 멈추지 못하고 있는 동안, 필자는 교탁 안에 두었던 지구본을 교탁 위에 올려놓고 물어봤습니다.

T : 우리가 살고 있는 지구의 모형입니다. (적도를 가리키며) 이 선을 적도라 하는데, 이 적도를 한 바퀴 돌면 그 거리가 몇 km나 될까요?

아무도 응답하지 않았습니다.

그래서 이미 판서되어 있는 '혈관의 길이 100,000km' 아래에 '지구의 적도 길이 40,000km'라고 판서하고 어느 쪽이 긴가, 몇 배나 더 긴가를 비교, 계산, 확인하였습니다. 그러자 눈이 유난히 빛나던 여자 아이가 "혈관은 왜 그렇게 길까요?"라며 질문했습니다.

T : 과연 그렇습니다! 듣고 보니 선생님도 혈관은 어째서 그토록 길까 의문이 생깁니다. 여러분 중에서 '나도 그런 의문을 갖고 있다'는 사람은 손을 들어 보세요.

단 한 명의 열외자도 없이 모두 일제히 거수하였습니다. 모든 아이들이 물음을 갖게 된 상황이었습니다. 묻는 주체로 전환된 것입니다.

T : 이 단원에서는 우리의 몸에 대하여 공부하게 됩니다. 우리의 몸에는 혈관의 길이뿐만 아니라, 수없이 많은 놀라운 점, 신비로운 점이 많이 있습니다. 이제 그것들 하나하나를 차례로 참구해 나가게 됩니다.

새 단원의 학습으로 진입함에 즈음하여 위와 같이 도입함으로써 본 단원의 학습에 대하여 전원으로 하여금 강한 지적 호기심과 기대적 흥미를 갖도록 했습니다.

상상을 초월하게 거대한 것, 그의 반대로 미세한 것 등등 의표를 찌르는 정보를 접하면 사람은 누구나 심진을 일으켜 물음이 내발하는 본성을 갖고 있습니다. 아이들로 하여금 문제의식을 내발하게 함에 있어 예상 밖의 의표를 찌르는 정보를 제공하는 기술을 교사라면 누구나 체득하지 않으면 안 되는 까닭입니다.

02

발문은 정답을 알아맞히게끔 하기 위해 던지는 물음이 아니다

해결해야 할 수업의 문제점
— 학생들로 하여금 교사의 머릿속에 있는 생각을 알아맞히게끔 한다

수업을 참관할 때마다 어김없이 보는 장면이 있습니다.

교사가 발문으로서의 물음을 던지면 곧바로 일부의 아이들이 거수하고, 그 중의 한 아이가 지명 받아 발표합니다. 그 발표가 정답, 곧 교사의 머릿속에 있는 생각과 일치하지 않으면 교사는 다시 아이들로 하여금 거수하게 하여 지명·발표시키는 일이 되풀이됩니다. 그렇게 교사의 머릿속에 있는 생각, 곧 '정답'과 똑같은 생각이 발표될 때까지 '거수 – 지명 – 발표'가 반복적으로 이어집니다.

이 상황은 교사의 의중에 있는 생각—정답이 아닌 아이들의 생각은 모두 오답으로 판정하여, 아무런 가치도 의미도 부여되지 않은 채 버려지는 교육 현실을 보여줍니다. 아이들 나름대로는 고민해서 내놓은 대답들이 '정답'이 아니라는 이유 하나만으로 수업 과정에서 생기는 쓰레기로서 생활 쓰레기처럼 서슴없이 버려집니다. 요컨대 현행 수업에서의 발문이란 정답, 곧 교사의 머릿속에 있는 생각을 아이로 하여금 알아맞히도록 하기 위해서 던져지는 교사의 물음입니다. 그래서 아이들도 발문을 '교사의 머릿속에 있는 생각을 알아맞히기 위하여 던져지는 물음'으로 인식하고 있습니다.

이러한 교실에서 아이들은 생각하는 아이군(群)과 아예 생각하려 하지 않는 아이군으로 분열될 수밖에 없습니다. 교사의 의중에 있는 생각을 알아맞힐 자신이 있는 아이는 생각하고, 그럴 자신이 없는 아이들은 처음부터 아예 생각해보려고 하지 않고 구경꾼이 되어 A·B양군이 발생하게 됩니다.

발문이란 아이의 사고와 상상을 유발하기 위해서 던지는 물음이어야 합니다. 그런데 발문이 아이들의 사고활동을 저해하고 있는 것이 현행 수업에서의 발문입니다.

발문이란 무엇인가

아이들은 교사의 의도에 따라 사고해야 하지만, 아이 본인은 교사가 원하는 때에 원하는 내용을 사고해 주는 그런 편리한 존재가 아닙니다. 그들은 그들의 내부에서 물음이 내발했을 때 비로소 스스로 사고하는 본성을 가지고 있습니다. 그러므로 아이들을 스스로 사고하도록 하려면 아이 각자의 내부에서 물음이 내발하도록 꾀해야 하는데, 그 일을 하는 것이 이른바 발문입니다.

그러니까 발문이란 교사의 머릿속에 있는 생각을 알아맞히게끔 하기 위해서 던지는 물음이 아니라, 아이 각자의 내부에서 물음이 치솟아 올라 '묻는 주체로 전환되도록 하기 위하여 던지는 물음'입니다.

정리하자면 발문은 다음의 세 가지 구실을 합니다.

첫째, 교사가 묻고자 하는 바가 아이 각자의 내부에서 내발하는 물음으로 전환되어, 각자로 하여금 묻는 주체로 화하게 하는 구실을 합니다.

둘째, 물음이 내발하면 그것을 해결하기 위하여 사고하는 주체로 전환하여 사고하게 됩니다.

셋째, 사고한 결과 각자는 문자 그대로 '자기 나름의 생각', 곧 각자 나름의 잠정적 해답을 마련하게 됩니다.

이때 각자가 하게 되는 사고는 결코 교사의 머릿속에 있는 이른바 '정답'이 아니며, 누구의 머릿속에 있는 생각도 의식하지 않는 문자 그대로 각자의 '자기 나름의 생각', 바로 그것입니다. 따라서 발문은 결코 교사의 머릿속에 있는, 이른바 '정답'을 찾게 하는 일이 아니며 아이 하나하나의 머리로 만든 각자 나름의 잠정적 해답이며 논리이고 사고라고 할 수 있습니다.

세 가지 구실을 하는 발문의 예

이제 수업 사례로 발문의 세 가지 구실을 알아보겠습니다.
초등학교 5학년 도덕과 교과서에는 〈구두쇠 할아버지〉라는 제목의 글이 있습니다. 그 내용을 요약하면 다음과 같습니다.

종이 상자 등을 수집하여 고물상에 팔아서 근근이 생활을 하는 할아버지는 간장과 김치만으로 식사를 하고, 옷이나 신발 등은 헤어져서 못 쓰게 될 때까지 아끼고 또 아끼며 사용하였습니다. 그렇게 생활하며 남은 돈은 저축하였습니다.

그런 할아버지를 이웃 사람들은 '구두쇠 할아버지'라고 비웃었습니다.

그러던 할아버지가 돌아가셔서 이웃 사람이 가서 보니 엄청나게 많은 돈이 저금되어 있는 통장과 함께 그 돈을 가난해서 학교에 가지 못한 청소년을 위한 장학금으로 기증한다는 유서가 있었습니다.

이웃 사람들은 모두 깜짝 놀랐으며, 훌륭한 할아버지를 칭송하였습니다.

할아버지의 이야기를 읽고 아이들은 놀라고 감탄하였습니다. 그리고 할아버지의 희생정신과 봉사정신에 크게 감동했습니다.

여기까지 지도한 교사는 "우리나라의 모든 사람이 이 할아버지와 같이 아끼는 생활을 하면 모든 사람의 생활은 크게 변화할 것입니다. 어떻게 변화할까요?"라고 발문하고 각자의 생각을 필기하게끔 지시하였습니다.

아이들 모두는 할아버지처럼 큰 돈을 모을 수 있다고 생각하였습니다.

그런데 그때 순이가 등장하여(순이는 동학년인 가상의 아이며 교사가 대신하여 말합니다) 다음과 같이 발표하였습니다.

"우리나라의 모든 사람이 할아버지처럼 철저하게 절제하면 오히려 잘 살지 못하게 될 뿐 아니라, 가난한 나라가 되어 버릴 것입니다."

모든 국민이 당연히 더 잘 살게 되리라고 믿고 있었던 아이들의 내부에 '그럴 리가 있는가?' 하는 한편 '그럴 수도 있을까?'라는 물음이 내발하여 묻는 주체로 전환됐습니다. 순이의 말이 뭔가 근거가 있는 말처럼 들려 망설이게 만들었기 때문입니다. 사람은 이렇게 '이쪽인가? 저쪽인가?' 하고 망설여지는 때, 곧 기로(岐路)에 섰을 때는 각자의 모든 지식과 능력을 다하여 스스로 사고하는 본성을 가지고 있습니다.

아이들은 순이의 말에 의하여 전원이 기로에 세워지게 되었습니다. 이 시점에서 교사는 "1분 동안 생각하여 순이의 생각이 옳다고 생각되면 ○표, 옳지 않다고 생각되면 ×표 하세요"라고 지시하였습니다.

다시 한 번 강조하지만 발문이란 교사의 머릿속에 있는 생각, 곧 정답을 알아맞히기 위하여 던지는 물음이 아닙니다. 발문은 ① 아이의 내부에서 물음이 내발토록 하여 곧 묻는 주체로 전환시켜, ② 내발하는 물음에 의하여 스스로 사고하는, 곧 사고하는 주체로 전환되어, ③ 순수한 각자의 '자기 나름의 생각' 곧 잠정적 해답을 마련하도록 하는 일입니다.

03
'왜? 그 까닭은?' 형型으로
묻지 않아야 한다

해결해야 할 수업의 문제점
– 아이들에게는 어렵기만 한 발문

앞서 [그림 1]과 같은 투명한 컵을
거꾸로 하여 물속으로 수직으로 밀
어 넣은 연시(演試) 실험*에 대하여 논
한 바 있습니다. 컵 안으로 물이 들어

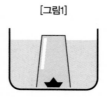

[그림1]

가지 않는 실험 결과를 보고, 3학년 아이들은 하나의 예외
도 없이 전원이 똑같이 깜짝 놀라며 '왜 컵 안으로 물이 들어

---

* '연시 실험'이란 전 어린이에게 '이상하다! 왜 그러지?'하는 문제의식이
내발토록 하기 위하여 실시하는 실험을 말함.

가지 않을까?', '컵 안으로 물이 들어가지 않는 까닭은 무엇일까?' 하는 강한 문제의식을 가졌습니다. 수업의 첫머리에서는 모든 아이들이 똑같이 강한 문제의식을 갖게 하는 것이 원칙인데, 이에 성공한 것입니다.

그러면 그 다음으로 무엇을 해야 할까요?

당연히 본시에 아이들이 탐구해야 하는 '학습문제'를 제시해야 합니다.

그래서 '학습문제'가 제시되는데, 다음과 같이 아이들이 연시 실험을 보고 가졌던 문제의식(의식된 문제)을 그대로 '학습문제'로 제시하는 것이 보통인 현실이 있습니다.

· 학습문제

왜 컵 안으로 물이 들어가지 않을까요?

(또는 컵 안으로 물이 들어가지 않는 까닭은 무엇일까요?)

이렇게 학습문제가 제시되었을 때, 아이들은 어떤 반응을 보일까요?

연시 실험을 보고, 전원이 똑같이 '왜 그러지?' 또는 '그 까닭은?' 하고 강한 문제의식을 가졌던 아이들은 위와 같이 그들이 느꼈던 문제의식 자체가 그대로 학습문제로 제시되는 순간, 두 가지 반응을 보이는 것이 보통입니다.

하나는 '컵 안으로 물이 들어가지 않는 까닭은 과연 무엇일까?'라는 문제를 해결하려고 사고하는 아이군(##)이며, 다른 하나는 학습문제가 제시되는 순간 사고하기를 중단하고 남들이 학습하는 것을 구경하는 관객이 되는 아이군입니다. 수업의 첫머리에서부터 일찌감치 학습활동을 제대로 하는 아이군(A군)과 학습 활동에 참가하지 않는 아이군(B군)으로 분열되는 것입니다.

이와 같이 두 집단으로 나누어지는 까닭은 무엇일까요? 전자는 문제 해결의 가능성이 보이는데 비하여, 후자는 보이지 않기 때문입니다. 후자의 아이들에게는 제시된 문제가 너무 어려워 해결의 가능성이 아예 보이지 않는 겁니다.

우리나라 속담에 '오르지 못할 나무는 쳐다보지도 마라'라는 가르침이 있습니다. 어떤 아이들의 경우, 제시된 문제가 너무 어려워 '오르지 못할 나무'로 판단되어 쳐다보지도 않고 일찌감치 관중석에 앉는 것입니다. 그래서 이런 수업은 선행학습을 하거나, 독서량이 많아 문제 해결에 필요한 관계 지식이나 정보를 가지고 있는 소수의 아이들만이 거수하고 지명 받아 발표하며 진행되는 것이 일반적입니다.

이 문제를 정리해보겠습니다. 현재의 학습문제는 상당수

가 "왜 그럴까?" 또는 "그 까닭은 무엇일까?"와 같이 직접적, 직선적으로 본질을 묻습니다. 이것은 아이들에게 의식된 문제, 곧 '문제의식'을 그대로 학습문제로 제시하는 것과 같습니다. 따라서 학습문제는 아이들의 지적 사정거리를 벗어난 어려운 물음이 되어, 생각해 보려는 의욕의 싹이 아예 트지도 못하게 되는 것입니다. 이것은 서로 다른 개념인 '문제의식'과 '학습문제'를 구별하지 않고 혼동하고 있어서 발생하는 문제입니다.

문제의식에 근거하여 학습문제를 만들자

학습문제는 일부의 우수한 아이들만이 사고가 가능한 문제여서는 안 됩니다. 지적 장애가 없는 보통의 아이들도 각자의 능력을 다하여 각자 나름으로 사고할 수 있는 난이도로 만들어야 합니다. 그래서 보통의 아이 입장에서 사고가 가능한 난이도의 물음이 필요한 것입니다.

그러나 적절한 학습문제를 만드는 일이 누구나 할 수 있는 쉬운 일은 아닙니다. 다행히도 학습문제를 만드는 법칙이 있으므로 알고 적용하는 사람에게는 그다지 어렵지는 않을 것입니다.

사람들은 일상생활에서 크고 작은 문제들에 부딪히며, 그것을 해결하기도 하고, 해결하지 못하여 어려워하기도 합니다. 이때 부딪친 문제를 해결하는 데 필요한 도구를 아무것도 가지고 있지 않다면, 문제를 해결할 수 없을 것입니다. 당면한 문제를 해결함에 있어 돈이 필요하다면 돈이 있어야 하고, 기술이 필요하다면 당연히 기술을 가지고 있어야 문제를 해결할 수 있습니다.

마찬가지로 수업과정에서 아이들에게 제시되는 학습문제도 그것을 해결함에 필수적인 최소한의 지식이나 정보나 자료를 아이가 가지고 있어야 해결할 수 있게 됩니다. 따라서 학습문제는 당해 문제를 해결함에 필수적인 최소한의 지식, 정보, 자료 들, 바꾸어 말하면 문제 해결에 필요한 실마리나 단서가 '학습문제 안에 들어 있어야' 합니다. 그렇게 해야 아이들은 그 실마리를 활용하여, 이모저모로 생각한 끝에 문제를 해결할 수 있게 됩니다.

다시 말하면 "왜?", "그 까닭은?"과 같은 물음은 어디까지나 아이들이 '의식한 문제', 곧 '문제의식'을 가리키게 되는 결과를 낳지 학습문제로서는 활용할 수가 없다는 것입니다. 문제의식은 아이들에게는 100% 어려운 것이 일반적입니다.

"왜?", "그 까닭은?"에는 해당 문제를 해결하는 데 필수적인 지식, 정보, 자료가 없으니 너무 어려워 쳐다보지도 않는 문제가 될 수밖에 없습니다.

이제 학습문제를 만듦에 있어 적용하여야 하는 '총칙'과 총칙대로 실현하기 쉽도록 도와주는 선택적 적용으로서의 하위법칙인 '일반적 법칙'을 소개하겠습니다.

1. 총칙

> 당장 해결할 수 있는 것은 아니지만, 그렇다고 해결
> 못할 것도 없겠다고 전망되는 문제, 다시 말하면 성공
> 과 실패의 확률이 50% 정도인 문제를 만들어야 한다.

앞서 우리나라 속담 '오르지 못 할 나무는 쳐다보지도 마라'를 소개하였습니다. 이 속담의 가르침에 근거하여 학습문제를 만들면, 전원이 능동적으로 사고하는 물음을 만들 수 있을 것입니다. 즉, 아이로 하여금 오를 만하다는 생각이 들게끔 만드는 것입니다.

구체적으로 설명하자면 모두가 지금 당장 해결할 수 있는

것은 아니지만 그렇다고 해결 못 할 것도 없겠다고 생각되는, 바꾸어 말하면 해결의 성공 가능성과 실패의 가능성이 50%인 문제, 곧 될 것도 같고 안 될 것도 같은 수준의 난이도로 문제를 제시해야 합니다. 이것이야말로 크고 작은 모든 발문을 만듦에 있어 적용되어야 하는 공통된 조건이며, 그런 의미에서 이것을 발문의 총칙이라고 말하고 싶습니다.

2. 일반적 법칙

앞서 소개한 총칙에 기준하여 경우에 따라 선택적으로 적용되는 일반적 법칙 몇 가지를 소개하겠습니다.

(1) 일반적 법칙 1

> 해당 문제 해결에 필수적인 실마리나 단서가 되는, 최소 필요한의 관계 지식, 정보, 자료가 문제 안에 시사(示唆)되어 있어야 한다.

연시 실험을 보고 아이들이 깜짝 놀라 갖게 된 '왜 컵 안으로 물이 들어가지 않을까?', 또는 '컵 안으로 물이 들어가지 않는 까닭은 무엇일까?'라는 강한 '문제의식'으로 예를 들어 보겠습니다.

연시 실험을 보고 아이들이 갖게 된 문제의식에는 그것을 해결하는 데 필요한 아무런 실마리나 단서도 시사되어 있지 않습니다. 그래서 3학년 아이들로서는 너무나 어려워 아예 생각할 수가 없습니다. 그럼에도 불구하고 이것을 생각하도록 요구하게 되면, 문제를 해결할 수 있는 필수 지식이나 정보를 이미 가지고 있는 소수의 아이를 제외한 절대 다수의 아이는 지적인 괴롭힘을 당하는 결과가 되며 결국 교사가 아이들을 지적으로 고문하는 것과 같은 일이 됩니다. 아이들은 이 일로 말미암아 마치 오르기 어려운 나무를 오르도록 강요당하고 있는 것처럼 괴로움을 느낄 것입니다.

그래서 위의 '왜 컵 안으로 물이 들어가지 않을까?', 또는 '컵 안으로 물이 들어가지 않는 까닭은 무엇일까?'라는 문제의식에 위의 일반적 법칙 1을 적용하여, 다음과 같이 학습문제를 만들 수 있습니다.

컵 안으로 물이 들어가지 않은 것은, 컵 안에서 물이 들어오지 못하도록 막고 있는 것(범인)이 있기 때문입니다.

컵 안에서 물이 들어오지 못하도록, 막고 있는 것(범인)은 무엇입니까?

2분 동안 마음껏 생각하여, 생각한 바를 다섯 자 이내로 요약하여 쓰시오.

이 학습문제 안에 들어있는 문제 해결에 필수적인 지식, 정보, 곧 실마리나 단서는 무엇일까 궁금하게 생각되실 겁니다.

우선 이 물음은 아이들의 '사고의 범위를 컵 안으로 한정'하고 있습니다. '컵 안으로 물이 들어오지 못하게 하고 있는 것(범인)이 있으며, 그것이 컵 안에 있다'라는 문장은 아이의 사고 범위가 컵 안에 집중될 것을 요청하고 있습니다. 아이는 '컵 안에서 막고 있는 것(범인)'이 무엇인가에 대해서만 생각하면 되는 것입니다.

또한 이 학습문제는 3학년 아이들이 이 물음에 접하면, 그들의 머리에 떠오르는 것이 있을 것을 기대하면서 만든 것입니다. 왜냐하면 3학년 아이들은 2학년 때 이미 이 학습문제를 해결하기에 필요한 필수적인 지식을 학습한 바가 있다는 사실을 계산에 넣었기 때문입니다.

아이들은 2학년 때 풍선 놀이를 한 일이 있습니다. 그들은 공기를 불어 넣어 부푼 풍선 주둥이에 가늘고 길게 찢은 화장지 조각을 대면 빠져나오는 공기로 인하여 화장지 조각이 팔랑거리는 모습을 보았습니다. 그리고 축구공에서 나오는 바람에 화장지가 팔랑거리는 현상을 보았을 것입니다. 그 놀이들을 통해 풍선을 둥글게 부풀게 한 것이, 그리고 나오면서 종이를 나부끼게 한 것이 공기라는 것을 배운 것입니다. 그 경험은 존재하면서도 눈에 보이지 않는 것, 곧 공기가 존재한다는 사실을 알게 만들었을 겁니다.

이와 같이 3학년 때 학습하게 될 공기의 문제를 해결함에 필수적인 지식을 2학년에 포석해놓은 사실이 있기 때문에 3학년에 공기에 대한 과제가 마련되어 있는 것입니다. 그러니까 '컵 안에 물이 들어오지 못하도록 막고 있는 것이 무엇일까' 하는 문제의 해결에 필수적인 지식을 이미 학습하였으므로, 아이가 그것을 상기하고 활용하여 문제를 해결할 것이라는 기대를 가지고 위와 같은 학습문제가 만들어졌습니다.

당면한 문제를 해결함에 있어서 필요한 과거에 학습한 지식, 기능을 상기할 수 있도록 학습문제가 만들어져야 더욱 높은 학습 효과를 누릴 수 있습니다. 위의 경우는 본 학습을 위한 필수 지식을 2학년 때에 포석을 둔 경우입니다. 하지만 미리 필수 지식이 포석되지 않은 문제가 있을 수 있습니다.

그때는 필요 최소한의 필수 지식이나 정보나 자료를 최적의 타이밍에 교사가 가르쳐주어 아이가 그것들을 활용하여 문제 해결 사고를 하도록 도와줘야 합니다.

(2) 일반적 법칙 2

> 학습문제는 직접적 – 직선적으로 묻지 아니하고 간접
> 적, 우회적으로 번안하여 묻도록 만든다.

일반적 법칙 2를 설명하기 위해 식물이 성장하기 위해서는 햇빛이 절대로 필요함을 터득하게 하는 수업의 사례를 들어보겠습니다.

"나팔꽃이 잘 자라려면 무엇이 필요할까요?"

3학년 아이에게 위처럼 질문하면 너무 어려워서 사고하기 힘들어 할 것입니다. 직접적이고 직선적으로 물었기 때문입니다. 그리고 3학년 아이에게는 이 문제의 해결에 필요한 지식이나 상식, 경험이 아직은 없는 것이 일반적이기 때문입니다.

물음 속에 이 물음을 사고하는데 필요한 지식과 정보를, 바꾸어 말하면 단서나 실마리를 넣어 다음과 같이 물으면 어떨까요?

　　교실 창가에서 나팔꽃이 싱싱하게 잘 자라고 있었습니다.
　　그런데 어느 날 누군가가 나팔꽃 화분을 훔쳐 가버렸습니다.
　　다행히 2일 만에 용케 잃어버린 나팔꽃 화분을 찾았습니다.
　　그런데 나팔꽃이 완전히 시들어져 있었습니다.
　　나팔꽃 화분은 2일 동안 어디에 놓여있었을까요?
　　실컷 생각하여, 5자 이내로 기록하고, 기록한 것을 짝꿍과 교환하여 보시오.
　　이상의 작업을 2분 내에 끝내시오.

　위 학습문제는 "나팔꽃이 잘 자라려면 무엇이 필요합니까?"라고 직접적, 직선적으로 묻지 않고 간접적, 우회적으로 번안하여 묻는 예입니다. 아이들이 능히 사고할 수 있도록 사고의 사정거리 안으로 물음을 만들어 던지고 있습니다.
　겉으로는 아무리 화려한 수업이라도 소수의 우수아들만 사고하고, 발표하고, 절대다수의 아이들이 사고하지 않은 채 구경꾼이 되는 수업은 반교육적(反敎育的)인 최악의 수업이라고 할 수 있습니다. 모든 아이를 학습의 당사자, 능동적인 학습의 주체로 전환하게 함에 있어 학습문제의 난이도는 최적으로 맞춰져야 합니다. 그것은 '지금 당장 해결할 수는 없지만, 그렇다고 해결 못 할 것도 없다'는 난이도, 즉 '성패의 확률이 반반인 문제'로 만드는 일이라 하겠습니다.

04
'자기 나름의 생각'은 사고의 '응결핵'

해결해야 할 수업의 문제점
— 아이 각자 '자기 나름의 생각'을 갖도록 하는 일에 소홀하다

언젠가 잠에서 깨서 TV를 켜니 심야 토론이 방영되고 있었습니다. 서로 모순되는 생각을 가진 ㉮와 ㉯, 두 사람이 열띤 토론을 하고 있었습니다. 살펴보니 제가 깊은 관심을 가지고 있는 문제에 대한 토론이었습니다. 그리고 ㉯가 필자와 같은 생각을 갖고 있었습니다.

어느새 잠을 잘 수 없게 됐습니다. 두 사람의 토론이 뜨거워지면 필자도 함께 뜨거워집니다. ㉯가 몰리는 것 같으면 애가 탑니다. 어느새 필자는 단순한 시청자가 아니라 토론의 당사자가 되어 버렸습니다.

필자가 스스로 그렇게 되어버린 요인은 무엇이었을까요?

바로 그 토론 주제에 대한 '저 나름의 생각'을 가지고 있었기 때문입니다.

필자는 학습을 제대로 성취한 아이라면 한 명의 예외도 없이 제기된 문제마다 '자기 나름의 생각'을 가지고 있음을 오랫동안의 체험을 통해 알고 있습니다. 그래서 "아이들이 수업 과정에 학습의 능동적 주체로서 참가하고, 학습을 제대로 하기 위해서 행해야 하는 가장 중요한 일이 무엇인가?" 하고 묻는 사람에게, 항상 '제기된 문제마다 아이 각자가 자기 나름의 생각을 갖는 일'이라고 답하고 있습니다.

자기 나름의 생각을 갖지 않은 채 학습에 임하면 어떠한 수업에서도, 어떠한 아이라도 별수 없이 결과적으론 학습을 불완전하게 하거나 실패합니다. 그런데 학습을 제대로 한 A군 아이들은 교사가 지시하지 않더라도 스스로 자기 나름의 생각을 가지고 있으므로, 다시 말하면 발표할 거리가 있으므로 거수하고 발표하면서 수업에 능동적으로 참가합니다. 반면 그렇지 못한 아이들은 발표할 거리, 곧 자기 나름의 생각이 없으므로 거수하지 않고 방관자로서 그곳에 앉아 있을 뿐입니다.

이는 선거 때 투표한 사람과 투표하지 않은 사람은 그 후의 행동이 크게 다르다는 점에서도 발견할 수 있습니다. 전자는 잠을 자지 않은 채 지지자의 득표 상황을 지켜보며 일희일비하지만 후자는 개표 상황에 무관심하며 다음 날 아침 뉴스를 통해 그 결과를 아는 것이 보통입니다. 이와 마찬가지로 당면한 문제에 대한 '자기 나름의 생각'을 가진 아이와 그것을 갖지 아니한 아이의 생각이나 행동 결과에 크나 큰 차이가 생기는 것이 일반적인 법칙입니다.

아이들은 '자기 나름의 생각', 곧 '자기 나름의 입장'을 갖게 되면 '다른 사람은 어떤 생각을 하고 있을까?', '자신의 생각은 맞는가? 틀린가?'에 대하여 기대적 흥미를 갖게 됩니다. 따라서 남의 발표를 귀담아 듣고 자신의 생각과 비교하게 되며, 그 문제가 완전히 해결될 때까지는 학습의 당사자로서 스스로 사고하게 됩니다. 그러므로 수업에 참가하는 모든 아이가 수업에서 제기되는 모든 문제에 대하여 자기 나름의 생각을 갖도록 해야 합니다.

그럼에도 불구하고, 자기 나름의 생각을 갖도록 지도하지 않고 있는 것이 현행 수업의 일반적 문제입니다. 물음에 대하여 각자가 자기 나름의 생각을 마련하도록 하지 않은 채, 지적 순발력이 좋은 소수의 아이들을 대상으로 수업이 진행되고 있기 때문입니다.

'자기 나름의 생각'이란 무엇인가

'자기 나름의 생각'은 제기된 문제에 대한 말 그대로 '자기 나름의 생각'을 말합니다. 다시 말하자면, 이후로 전개되는 수업과정에서 정해답(正解答)이 밝혀지겠지만, 그러기 전에 자기 나름으로 생각하여 마련한 잠정적 해답을 말합니다. 남으로부터 생각의 방향이나 내용이 시사(示唆)되거나 강요되지 않은, 남을 의식할 필요가 없는 말 그대로 자기 자신만의 생각입니다.

어떤 문제에 부딪혀 그것을 누구의 도움도 받지 않고 홀로 해결하지 않으면 안 되는 상황에서, 기왕에 가지고 있는 여러 가지 지식 중에서 문제를 해결함에 있어 관련이 있는 지식이나 상식·경험을 총합적으로 활용하여 이모저모로 생각한 끝에 자기 나름의 해결 방안을 마련하게 되었다면, 이 생각이 다름 아닌 '자기 나름의 생각'입니다.

이제 수업 사례 가운데에서 그 예를 하나 들어보기로 하겠습니다. 다음과 같은 문제가 제시됐다고 생각해 봅시다.

강원도 북동쪽 산악지대에는 공업지대가 발달하지 않았는데, 그것은 그곳이 공업지대로 발달하기에 필요한 조건을 갖추지 못한 탓입니다. 어떤 조건을 갖추지 못하였기에 공업지대로 발달하지 못했을까요? 그 조건을 2분 동안에, 두 가지 이상 생각하여, 각각 15자 이내로 기록하세요.

아이들이 생각한 것을 판서하게 하니 모두 21가지가 나왔습니다. 그중에서 몇 가지만 예를 들어 보겠습니다.

① 교통이 불편하다.
② 기후가 알맞지 않다.
③ 휴전선 근처이므로.
④ 공장 짓는 비용이 많이 든다.
⑤ 환경을 보전하기 위해서.
⑥ 근처에 큰 도시가 없다.
⑦ 큰 강이 흐르지 않는다.

이것들이 아이 각자가 생각한 이른바 '자기 나름의 생각'입니다. 각자가 자신의 모든 지식과 능력을 다하여, 골똘히 생각한 끝에 얻어낸 '자기 나름의 잠정적 해답'입니다. 이때 아이들은 최선을 다하여 생각할 뿐, 생각한 결과에 대하여, '내 생각이 틀렸으면 어떡하지?' 하는 걱정을 할 필요가 전혀 없습니다. 틀렸는지 맞았는지의 문제보다는 가지고 있는 모든 것을 다하여 생각하는 일 자체가 소중하기 때문입니다.

'자기 나름의 생각'을 마련하는 과정

1. '자기 나름의 생각'을 마련하는 방법

위에서 제시한 것처럼, '자기 나름의 생각'은 각자의 지식·상식·경험을 총합적으로 활용하여, 제한된 시간 내에 이모저모로 사고하여 마련한 생각을 제한된 글자 수로 요약하여 기록함으로써 마련하면 됩니다. 이때 자신이 가진 지식·상식·경험을 종합적으로 활용하여 자기 나름의 생각을 마련하는 것이 바람직하지만, 그것이 어려운 아이들은 '아마도 이것이 아닐까!' 하고 짐작한 바를 기록하는 것도 자기 나름의 생각을 마련하는 좋은 방법입니다.

그런데 아이들 가운데에는 (문제에 따라서는) 짐작하여 마련하는 것도 어려워하는 아이가 있을 수 있습니다. 이런 아이들은 짝꿍의 생각에서 힌트를 얻거나, 모방하여 자기 나름의 생각을 마련하여 기록하도록 하며, 그것도 어려운 아이는 아예 짝꿍이 기록한 내용을 그대로 베껴 쓰도록 지도하는 게 좋습니다. 일단 물음(발문)이 제기되면, 한 명의 열외자도 없이 전원이 자신에게 가능한 방법으로 '자기 나름의 생각'을 마련하도록 하는 게 중요하기 때문입니다. 따라서 짝꿍이 자신의 기록을 그대로 베껴 쓰는 일을 포함하여, 배우기를 원하면 언제나 도움을 제공하는 것도 좋은 학습 방법임을 사전에 철저하게 지도해야 하겠습니다.

그런데 경험에 의하면 베껴 쓰는 것을 안 좋은 학습 방법으로 생각하여 주저하거나, 자신의 기록을 보고 쓰는 것을 싫어하는 아이들이 있습니다. 따라서 각자의 학습에 있어 베껴 쓰는 것이나 보여 주는 일이 모두 좋은 학습 방법이라는 사실에 대한 사전 지도가 필요합니다.

2. '자기 나름의 생각'을 '기록'하는 의의

'자기 나름의 생각'은 머릿속에서만 하는 것이 아니라, 머릿속에서 한 생각을 자신의 눈으로 볼 수 있도록 노트에 기록해야 합니다. 생각한 후에 그 결과를 기록하는 것이 아니라 생각하면서 기록하고, 기록하면서 생각하는 것입니다. 그렇게 하면 생각하는 일과 기록하는 일이 왕복하면서, 사고가 깊어지고 넓어지기 때문입니다. 머리와 손이 호응하여 사고가 깊어지고 넓어지는 것입니다.

앞에서 예를 들어 설명한 부분이기도 하지만, 모두가 똑같은 문제의식을 가졌으면 자기 나름의 생각을 마련하는 시간을 예컨대 '30초 이내' 또는 '1분 이내' 등과 같이 제한하고, 생각한 것을 예컨대 '5자 이내' 또는 '10자 이내' 등으로 요약하여 기록하도록 글자 수를 제한하는 게 좋습니다. 이처럼 제한하게 되면 제한된 시간 내에 주어진 과제를 수행해야 하므로 그에 상응할 수 있게끔 뇌가 움직이게 됩니다. 또한 제한된 글자 수 이내로 기록하여야 하므로 군더더기 말은 버리고, 꼭 필요한 키워드만을 선정하여 진술하는 요약 활동이 효과적으로 이루어집니다.

요컨대 머릿속에서만 생각하는 것이 아니라, 생각하면서 기록하고, 기록하면서 생각하는 훈련을 시킴으로써, '연필을 손에 들고, 종이를 향하지 않으면, 생각이 나지 않는다' 할 만큼 습관화시켜야 하겠습니다.

3. 기록한 '자기 나름의 생각'을 이웃과 '교류'

'자기 나름의 생각'은 누구에게도 의지하지 않고, 문자 그대로 홀로 생각한 것입니다. 따라서 누구라도 자기 능력의 한계 내에서 사고할 수 밖에 없습니다. 그런데 아무리 우수한 사람이라 하여도, 그 생각은 일면성, 편파성, 능력의 한계성, 주관성 등등의 비판을 면할 수 없습니다. 한 사람의 생각은 아무리 우수한 사람이라도 완전무결할 수는 없기 때문입니다. 여러 사람이 함께 생각하지 않으면 안 되는 까닭입니다.

'교류한다'는 건 각자가 마련하여 기록한 자기 나름의 생각을 짝꿍끼리 각자의 기록물을 교환하여 그 내용을 음미함을 말합니다. 이 과정에서 짝꿍의 생각이 자신의 그것보다 탁월함을 발견하였을 때는 주저하지 않고 받아들여 상대적으로 부족한 자신의 생각을 더욱 더 타당한 생각으로 고쳐 쓰도록 합니다.

4. 자기 나름의 생각 고쳐 마련하기

위에서 제기된 물음에 대하여 각자가 마련한 생각, 곧 '자기 나름의 생각'을 마련하여 이웃과 더불어 교류함을 논하였습니다. 이와 같이 마련한 소박한 자기 나름의 생각을 이웃으로부터 배워 보다 타당한 생각으로 고쳐서 기록함을 이 글에서는 '자기 나름의 생각 고쳐 마련하기'로 부르기로 하겠습니다. 이 부분에 대해 조금 더 부연하고자 합니다.

자기 나름의 생각이란 교사의 발문을 받아 아이 각자가 가진 지식·상식·경험 등을 총합적으로 활용하여 이모저모로 골똘히 사고한 끝에 마련한 생각이므로 각자의 모든 지식과 능력을 다하여 마련하였다고 볼 수 있습니다. 따라서 그때 각자의 생각은 각자가 더 이상 발휘할 수 있는 힘의 여지가 없을 만큼, 능력의 한계까지 생각하였다고 볼 수 있습니다. 그러므로 각자 혼자의 힘만으로는 더 이상의 좋은 생각을 얻기는 어려운 상태입니다. 그렇다고 해서 그 지점에서 사고를 멈추면, 지금까지 최선을 다한 보람이 사라집니다.

그래서 현재의 수준에서 더 탁월한 생각으로 고쳐 마련하려면 이웃으로부터 배워야 합니다. 이웃으로부터 배워서 자기 나름의 생각을 고쳐 마련함으로써, 부족한 생각을 탁월한 생각으로 향상적으로 변용시켜야 합니다.

우선 가장 가까운 짝꿍과 기록물(자기 나름의 생각을 기록한)을 교환하여 살핌으로써 자기 생각보다 조금이라도 탁월하다고 납득이 가는 생각을 발견하면, 서슴지 않고 받아 배워 자기 생각을 고쳐 마련하여야 합니다. 그리고 여기에 만족하지 않고 학급 전원의 자기 나름의 생각이 발표될 때마다

이 기회를 이용하여, 부족한 '자기 나름의 생각'을 몇 번이고 고쳐 마련함으로써 보다 탁월한 생각으로 만들어 올려야 합니다.

5. 이웃의 생각을 베껴 쓰거나 모방하여 '자기 나름의 생각'을 마련하는 일에 대한 시비

앞서 주어진 시간 내에 '자기 나름의 생각'을 마련하지 못했을 때는 이웃, 특히 짝꿍의 기록 내용에서 힌트를 얻어 자기 나름의 생각을 마련하고, 그렇게 하기도 어려울 때는 짝꿍의 자기 나름의 생각을 그대로 베껴서 자기 나름의 생각을 마련하는 일에 대하여 논한 바 있습니다. 이와 같은 방법으로 자기 나름의 생각을 마련하는 일에 대하여 혹여 부정적으로 생각하고 있을 경우에 참고가 될 수 있도록 필자가 경험한 일 하나를 소개하고자 합니다.

한 강의에서 자기 나름의 생각을 마련하지 못하는 아이에게는 짝꿍의 기록 내용을 모방하거나, 그대로 베껴 씀으로써 자기 나름의 생각을 마련토록 하는 지도 방법을 소개했을 때였습니다. 소개가 끝나자 한 젊은 여선생님이 질문했습니다.

"그렇게 지도하는 것은 표절하기를 가르치라는 말인 것 같아서 주저됩니다. 그뿐만 아니라 남의 것을 모방하거나 베껴 쓰게 하는 것은 창의성 교육과 배치되는 것 같아서 비교육적인 방법이 아닐까 생각됩니다."

필자는 질문자에게 감사를 표하고, 먼저 '표절'을 가르쳐서는 안 된다는 질문자의 의견에 공감을 표명했습니다. 그리고 수강하고 있는 선생님들께 물었습니다.

"선생님들은 지금 많은 지식을 가지고 있습니다. 그런데 그 많은 지식을 어떻게 갖게 되었습니까? 모두 스스로 발견하고, 발명하여 알게 되었습니까?"

모두가 아니라고 고개를 저었습니다.
필자는 이어서 다음과 같이 말하였습니다.

"우리는 모두 누군가로부터 또는 어떤 매체를 통해 배워서 알게 된 것입니다. 그 누구 중에서도 가장 가까운 곳에 있는 사람이 다름 아닌 짝꿍입니다. 그리고 모둠원이며, 학급의 전원이며, 교사입니다. 우리는 이들로부터 배우는 것입니다. 학급이란 애초부터 그것이 허용되고, 그렇게 하기 위해서 존재하는 곳입니다. 이들 이웃으로부터 배우는 방법에는 여러 가지가 있습니다. 설명을 듣는 방법, 기록물을 보고 그 내용에서 힌트를 얻어 '자기 나름의 생각'을 마련하는 방법, 기록물 그대로 모방하고 베끼는 방법 등등 여러 가지 방법이 있습니다. 우리는 이런 여러 가지 방법에 의하여 적극적으로 배워 많은 지식을 갖게 되었습니다. 그런데 가장 좋지 않은 방법은 무엇일까요? 바로 아무 것도 하지 않고, 방관하고 있는 것입니다."

수강한 모든 교사들이 가질 수 있는 의문이었는데, 적시에 좋은 질문이 나와서 필자 자신도 다시 한 번 생각해 볼 수 있었습니다.

물론 이와 같이 말하면, '스스로 생각하지 아니하고, 모방이라는 안이한 방법에만 의존하는 버릇을 기르지 않을까' 하는 염려가 들 수 있습니다. 그러나 인간은 누구나 자신을 스스로 향상시키려고 노력하는 본성을 가지고 있습니다. 모방보다 스스로 생각하는 일이 보다 자신을 스스로 발전시키는 방법임을 아이들은 알고 있으며, 교사라면 아이들이 그렇게 노력하고 있다고 믿어줘야 한다고 생각합니다.

물론 교사는 아이를 믿기만 하고 방치해서는 안 됩니다. 어제까지 모방하던 아이가 오늘은 스스로 생각하게 됐다면, 그 작은 변화를 교사는 발견하여 인정하고 칭찬하고 기쁨을 보여줘야 합니다. 작은 변화를 인정하고 칭찬하고 기뻐해 주면, 본인은 물론 그것을 본 다른 아이들도 그렇게 변하려고 스스로 노력하게 됩니다. 이는 모든 아이는 자신을 스스로 향상적으로 변용시켜 나가려는 본성을 가지고 있기 때문입니다.

그리고 '남의 것(아이디어)을 모방하거나, 베껴 쓰게 하는 것은 창의성 교육과 배치된다'는 생각은 얼핏 들으면 그럴 듯하게 들리지만, 잘 살펴 보면 그렇지 않음을 알 수 있습니다. 우선 자기 생각이 떠오르지 않는 아이에게 모방조차 못하게 하면, 말 그대로 아무 것도 생각하지 않고 가만히 앉아서 지리한 방관 외에는 할 일이 없을 것입니다. 실은 모방하는 일도 생각하지 않고는 할 수 없는 일입니다. 모방함으로써 생각하고, 생각하면서 모방하게 되는 것입니다.

베껴 쓰는 일도 그렇습니다. 베껴 쓰면서 그 내용이 무엇인가를 생각하게 되는 것이 보통이지만, 그것조차 없이 기계적으로 베껴 썼다 해도 괜찮습니다. 일단 썼으면, 필자가 뒤에 설명할 이어지는 수업, 곧 '각자의 자기 나름의 생각을 근간으로 하여 전개되는 수업'에서는 베껴 쓴 생각을 종자(種子) 생각으로 하여 그것을 기준으로 비교하고, 선택하고, 판단하게 됩니다. 요컨대 뜻도 제대로 알지 못한 채 베껴 쓴 것이 싹이 되어 사고 활동이 이루어지며, 사고의 싹이 자라게 되는 겁니다. 베껴 쓰지조차 않았다면 그저 단순한 방관자에 지나지 않았을 텐데, 베껴 쓴 잠정적인 자기 나름의 생각과 이웃들이 발표하는 생각을 비교함으로써 진정한 자기 나름의 생각을 마련하게 됩니다. 그렇게 고쳐서 마련된 생각은 이미 베껴 쓴 생각이 아니며, 스스로 비교하고 판단한 결과로 마련된 자기 나름의 생각입니다.

일찍부터 '창조란 개성화된 모방'이라는 말이 있습니다. 옳은 말입니다. 잘 알려진 사실이지만, 저 유명한 차이코프스키의 피아노 협주곡 제1번은 기존의 여러 가지 민요를 소재로 하여 새로운 곡으로 만들어진 곡입니다. 뉴턴이 발견한 '만유인력의 법칙'도 뉴턴이 혼자서 발견한 것이 아니라 이미 그것을 발견하는 데 필요한 천체의 운동, 지상 물체의 운동, 인력의 원리 등 여러 가지 이론이며 가설 등이 나와 있었고 뉴턴이 그것들을 알고 접목했기에 가능한 일이었습니다.

그러므로 모방하게 하는 일, 베껴 쓰게 하는 일은 아이들의 창의력 육성을 저해하는 것이 아니라 창의력을 육성하기 위한 우수한 방법의 하나임을 알 수 있습니다.

6. '자기 나름의 생각' 마련의 효과

수업의 과정은 '물음'이 던져짐으로써 전개되어 나가는 것이 보통인데, 거기에 참가하는 아이들이 물음에 대하여 '자기 나름의 생각', 곧 '자기 나름의 잠정적 해답'을 갖고 있는가에 따라 학습에 임하는 태도며 학습 성립 여부가 완전히 달라집니다. 여기에 교사가 물음을 던지면, 아이 전원이 반사적으로 자기 나름의 생각을 마련하고 기록하는 일이 몸에 배어 습관화되도록 지도하지 않으면 안 되는 까닭이 있습니다. 요컨대 아이 전원이 자기 나름의 생각을 갖는 일이야말로 한 명의 낙오자도 만들어내지 않는 수업 실현의 결정적 조건입니다.

공기 중에는 응결핵(凝結核)이라고 하는 미립자가 무수히 있는데, 고공에서 공기가 냉각되어 수증기가 포화 상태가 되면 응결핵을 중심으로 응결하여 아름다운 눈의 결정(結晶)이 만들어집니다. 그러므로 응결핵이 없으면 아름다운 눈의 결정은 만들어질 수 없습니다. 따라서 아름다운 눈의 결정이 만들어짐에 있어 절대적인 필요조건은 응결핵이라고 합니다.

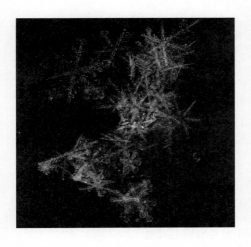

　학습 과정에서 여러 아이가 내놓은 생각은 부딪치고, 갈려지고, 다듬어져서 부족했던 각자의 자기 나름의 생각들이 향상적으로 변용되어 진리, 곧 정해답으로 진화합니다. 각자가 가지고 있는 '부족한 자기 나름의 생각'이 그 일을 가능하게 합니다. 따라서 자기 나름의 생각은 아름다운 결정을 만들어내는 눈의 응결핵과 같은 역할을 한다고 할 수 있습니다.

05

황당무계하다는 생각도 사고의 원석

해결해야 할 수업의 문제점
– 정답 외의 모든 생각은 버려진다

수업 참관 시에 발표된 아이들의 생각이 잘못 다루어지고 있는 일에 대해선 앞서도 말씀드렸습니다. 교사가 발문하면 지적 순발력이 좋은 소수의 아이들이 거수하여 그중의 한 아이가 지명 받아 발표하고, 교사의 의중에 있는 이른바 정답이 아닌 생각은 발표한 학생에게 심리적 상처를 주지 않는 배려 하에 버려지는 현상 말입니다.

그러나 드물게 다양한 생각을 이끌어 내며 발표되는 차례대로 교사가 요약 판서하는 모습을 볼 수 있는데, 그럴 때는 '잘하고 있구나!' 하는 기대를 갖고 지켜보게 됩니다. 하지만 대부분의 경우 기대에 어긋나는 진행에 실망하곤 합니다. 보통 판서를 끝마친 후, 다음과 같이 묻기 때문입니다.

"여러 가지 생각이 나왔습니다. 이 가운데엔 정답도 있고, 오답도 있습니다. 정답은 어떤 생각일까요?"

언제나 그러하듯이 정답을 아는 소수의 아이들이 거수하고, 그중의 한 아이가 지명 받아 발표합니다. 그렇게 하여 정답을 찾으면 여타의 생각들은 지워지고, 그 밖의 모든 생각은 버려집니다. 그렇게 함으로써 적어도 다음 두 가지 현상이 문제로 작용하여 결과적으로 지적 장애가 없는 보통의 아이들을 A·B 양군으로 분열시키고, 아이들을 정답주의의 포로로 만들고 있습니다.

하나는 우수한 아이들만이 참가하고, 여타의 절대 다수의 아이들은 교실이라는 물리적 공간의 일부를 점유하고 앉아 있는 단순한 출석자(구경꾼)요, 학습의 제3자가 되는 것입니다.

다른 하나는 갈고 다듬으면 빛나는 다이아몬드가 되는 원석과 같이 값진 생각들이 정답 하나를 찾아내고선 모두가 쓰레기로 버려지는 것입니다. 정답이 아닌 다른 모든 생각은 정답 하나를 찾는 데 일시적으로 쓰였을 뿐 더 이상의 어떤 의미도 부여받지 못한 채, 모두 버림을 당하는 것입니다.

그러나 버려진 여러 가지 생각은 결코 버림을 당해야 하는 쓰레기가 아닙니다. 그것은 다이아몬드를 만들기 전의 다이아몬드의 원석과 같이, 아이들이 사고를 함에 있어 없어서는 안 되는 사고의 원석입니다.

버려져서는 안 되는 소중한 사고의 원석

아름다운 다이아몬드는 보기에 전혀 예쁘지 않은 원석을 갈고 다듬어서 만든 것입니다. 그러니까 원석이 없이는 다이아몬드는 만들어지지 않습니다. 사고라는 다이아몬드도 아름답게 만들어지기 위해서는 황당무계한 생각을 포함한 다양한 생각으로서의 '사고의 원석'이 필수적으로 필요합니다.

그러므로 위에서 살핀 수업, 곧 다양한 생각을 많이 이끌어 내어 요약 판서한 후 그 중에서 정답 하나만을 찾고 나머지 모두를 버리는 수업은 다이아몬드의 원석을 버리는 것과 같은 어리석은 수업이 아닐 수 없습니다. 제대로 된 수업이라면 버려진 지식들은 전체 아이들에 의하여 갈고 다듬어짐으로써 부족했던 생각들이 다이아몬드와 같이 아름답게 갈고 다듬어져야 합니다.

그렇게 할 수 있으려면 아이들이 다양한 사고의 원석들을 이웃들과 함께 갈고 다듬을 수 있도록 지도하는 기술로 교사가 무장되어 있어야 합니다. 이제 아이들이 발표한 생각 하나하나가 모든 아이들에 의하여 갈고 다듬어져, 다이아몬드와 같은 생각으로 만들어내는 기술의 하나인 소거법(消去法)에 대해 설명하겠습니다.

다양한 생각을 갈고 다듬어 다이아몬드를 만들어내는 수업의 실제

≪이솝 우화≫의 하나인 〈여우와 포도밭〉이라는 글로 초등학교 3학년을 대상으로 실행했던 국어과 수업 사례로 소거법(消去法)을 설명하겠습니다.

우선 이야기 내용을 요약하기로 합니다.

배가 몹시 고픈 한 마리의 여우가 포도밭 옆을 지나게 되었다. 포도가 먹고 싶어 들어가려고 울타리를 여기저기 살핀 끝에 조그만 구멍을 하나 발견하였는데, 구멍이 너무 작아 들어갈 수가 없었다. 그래서 여우는 사흘 동안을 굶어 홀쭉해진 뒤에 포도 밭에 들어가, 포도를 실컷 따 먹고 나가려 했으나 배가 불러서 나갈 수가 없게 되었다. 할 수 없이 여우는 또다시 3일을 굶고 홀쭉해진 후에 밖으로 나올 수가 있었다. 포도밭에서 나온 여우 는 "배고프기는 들어갈 때나 나올 때나 마찬가지군" 하고 탄식 하며 혼잣말을 하였다.

음독과 글의 내용 파악을 위한 문답에 이어, 글의 맨 끝에 있는 여우의 혼잣말을 인용하여 다음과 같은 발문과 작업 지 시를 하였습니다.

"여우는 탄식하며 '배고프기는 들어갈 때나 나올 때나 마찬가 지군' 하고 말하였습니다. 여우는 계속하여 혼잣말을 하였지만 글에는 씌어 있지 않습니다. 여우는 계속하여 무엇이라고 혼잣 말을 하였을까요? 생각한 바를 10자 이내로 요약하여 카드(A4 용지를 가로로 4등분 한 용지)에 정리하여 칠판에 붙여 보세요."

이 학급에서는 각자의 생각을 네임펜으로 카드에 굵은 글 씨로 정리하여 이것을 각자로 하여금 자석으로 칠판에 붙이 게 하여, 필요에 따라 움직임으로써 아이들의 생각을 조직하는 활동을 평소에 자주 하고 있었습니다.

　칠판에 붙여진 18장의 카드(18명의 학급 아이들이 각자의 생각을 적은 카드)를 일일이 살펴 생각이 같거나 비슷한 것끼리 모으니 다음과 같이 11가지 생각으로 정리되었습니다.

- 배고프다
- 벌 받을
- 괜히 들어갔다
- 화난다
- 어리석었다
- 포도가 먹고 싶다
- 처음부터 안 들어가야 하는데
- 아무 소용없는 일을 했다
- 괜히 따 먹었다
- 이런 일을 해서는 안 되겠다

　"이 11가지 의견을 보면 표현이 다르되 뜻이 같은 의견들이 또 있으니 다시 한 번 같은 뜻을 가진 카드끼리 모으자"라는 지시에 따라 아이들이 작업한 결과 다음과 같이 다섯 가지로 통합되었습니다.

· 배고프다	—	배고프다
· 괜히 들어갔다 · 어리석었다 · 처음부터 안 들어가야 하는데 · 괜히 따 먹었다 · 아무 소용없는 일을 했다	—	후회한다
· 벌 받을 것 같다 · 나쁜 일을 하였다 · 이런 일을 해서는 안 되겠다	—	반성한다
· 화난다	—	화난다
· 포도가 먹고 싶다	—	포도가 먹고 싶다

18명 아이들의 생각이 11가지 생각으로 모아지고 그것은 다시 5가지로 정리되었습니다.

이어서 "이 다섯 가지 생각 중에서 '절대로 잘못된 생각'을 하나 찾아보자"라고 지시하였습니다.

이 지시에 '화난다'가 가장 많은 수의 거부 반응을 받았으며, 그렇게 생각하는 이유가 타당함이 인정되어 '화난다'는 도태(카드를 뒤집어 붙였습니다)되었습니다. 이어서 남은 4가지 의견에 대하여도 위와 똑같은 지시를 하여 '포도가 먹고 싶다'가 가장 많은 수의 거부 반응을 받았으며 그 이유가 타 당하여 도태되었습니다.

같은 요령으로 남은 3개의 의견들 중에서 '배고프다'가 도 태되어, 결국 '후회한다'와 '반성한다'의 두 의견이 남았습니 다.

남은 두 가지 의견에 대해서는 다음과 같이 그 뜻이 다름 을 지도한 후에, 위에서와는 반대로 "두 가지 의견 중에서 절 대 옳다고 생각하는 것을 찾아 쓰세요"라고 지시하였습니 다.

· 후회한다⋯⋯⋯⋯⋯하지 말 것을 괜히 했다.
· 반성한다⋯⋯⋯⋯⋯잘못 하였다고 뉘우친다.

아이들은 '후회한다'(5명), '반성한다'(13명)로 대립하였습 니다.

이 시점에서 아이들을 양군(兩群)으로 마주 보고 앉아 토론 하게 하였습니다.

그리고 아이들이 하고 싶어 하는 말을 실컷 하게 한 후에, 교사가 다음과 같이 발문하였습니다.

"여우는 '배고프기는 마찬가지군!'이라고 후회하고, '괜히 남의 포도를 훔쳐 먹는 나쁜 일만 하고 말았다'라고 반성하였습니다. 여러분 같으면 구멍이 작아서 들어갈 수 없음을 알고 난 다음에 어떤 생각을 하였겠습니까?"

이어서 다음과 같이 수속정리(收束整理) 하였습니다.

"작은 구멍으로 들어가기 전에, 나올 일도 생각해야 하는데, 우선 들어갈 일만 생각하였습니다. 어떤 일을 하고자 할 때는 그 일을 하였을 때 어떤 결과를 가져오는가를 생각해야 합니다. 그런데 여우는 그러하지 못하여, 아무것도 얻은 것이 없이, 결과적으로 남의 것(포도)을 훔쳐 먹는 나쁜 행동을 하였다고, 잘못을 뉘우쳤습니다. 곧 반성하였습니다."

소거법의 절차

앞서 예를 통해서 소거법의 절차에 대해 이해할 수 있을 것으로 생각되지만, 한 번 더 정리해 보겠습니다.

① 다양한 생각을 이끌어 내는 발문을 던집니다.

② 각자가 발문에 대한 '자기 나름의 생각'을 마련하여, 그것을 노트에 기록합니다. 이때 미처 자신의 생각을 마련하지 못하였을 경우에는 짝꿍의 생각을 그대로 베껴 써서 자기 나름의 생각을 마련합니다.

③ 모둠원끼리 기록물을 교환하여, 이웃의 생각을 검토하고, 자신은 미처 생각하지 못한 좋은 생각을 발견하였으면, 거기에서 배워 자기 생각을 보다 더 타당한 생각으로 수정 보완합니다.

④ 노트에 기록한 각자의 생각은 전원이 동시에 발표하도록 합니다.

전원 동시 발표는 위의 수업 사례에서 본 바와 같이 카드에 각자의 생각을 기록하여, 칠판에 붙여 이것을 움직여 같거나 비슷한 생각끼리 묶는 방법을 비롯하여 이후에 논할 '파상형 전원 동시 발표' 등의 방법을 활용합니다.

⑤ 통합 정리된 생각 중에서 '절대로 이상하다고 생각되는 의견 하나'를 찾게 하여, 거부 빈도가 가장 높은 생각을 아이들로 하여금 검토하게 하여 그 이유가 타당하면 도태시킵니다.

⑥ 이와 같은 요령으로 거부 빈도가 높은 차례로 검토하여 도태시키고, 최종적으로 2가지 생각이 남도록 합니다. 이때 도태시킬 수 없는 타당한 이유가 있을 때는 세 가지 생각을 남깁니다.

⑦ 끝까지 살아남은 2가지(경우에 따라서는 3가지) 생각 가운데에서 이번에는 지금까지와 반대로, 절대로 옳다고 생각하는 생각 하나를 선택하게 합니다. 이 작업이 끝나면 학급 아이들은 두 그룹(경우에 따라서는 세 그룹)으로 나누어지게 됩니다.

⑧ 두 그룹(또는 세 그룹)으로 나누어, 마주 보고 앉게 하여 토론하게 합니다.

⑨ 토론을 끝내면 교사가 야무지게 수속정리(收束整理)합니다.

소거법의 효과

수업이란 아이들로 하여금 사고하게 함으로써 사고력을 기르고자 하는 일입니다. 따라서 아이들은 부단히 사고해야 하는 바, 소거법은 모든 아이들로 하여금 사고하게 하는 기술의 하나인 것입니다. 앞에서 든 예에서 본 바와 같이 소거법을 통해 아이들의 부족한 생각 하나하나는 모든 아이의 사고의 재료가 되었습니다.

우선 제시된 생각들 가운데에서 뜻이 같되 표현이 다른 말을 찾는 일이 그 첫 번째입니다. 다시 말하자면 18가지 생각을 11가지로 정리하고, 이것을 다시 5가지 생각으로 정리하는 과정에서 각자는 생각 하나하나를 비교 검토하는 사고를 하였습니다. 이어서 5가지 생각 가운데에서 3가지 생각을 도태시키는 작업 과정에서 다시 생각 하나하나에 대하여 비교 사고하였습니다. 그리고 끝까지 살아남은 2가지 생각 중의 하나를 선택하는 작업을 하면서, 다시 비교 사고하였습니다.

요컨대 이와 같은 일련의 작업 과정에서 아이들은 하나하나의 생각을 대상으로 관점을 바꾸어 가며, 여러 차례 생각에 생각을 거듭하게 되는 것입니다. 이 과정에서 각자가 제시한 의견 하나하나는 대등한 무게로 사고의 대상이 됩니다. 아이들은 어떤 특정 생각 하나만을 대상으로 생각하지 아니하고, 부단히 다른 생각과 비교하며 관련적으로 생각하게 되는 걸 볼 수 있습니다.

소거법의 장점은 이것뿐만이 아닙니다. 이른바 B군 아이에게 학습에 참가하고, 존중받은 기쁨을 만끽하게 하기 때문입니다. 소거법이 전개되는 일련의 과정에서 누구도 생각의 질이나 내용에 관한 어떤 차별도 받지 않고, 누구도 열외자로 만들어지지 않고, 전원이 주저하지 않고 참가할 수 있습니다. B군 아이들은 그들을 포함한 전원의 생각 하나하나가 전원의 사고를 위한 논의의 대상이 되어, 의미 있고 가치 있게 쓰여진 경험을 하게 되는 것입니다. 그뿐만 아니라 자기 생각과 이웃의 생각이 관련지어져, 이처럼 깊이 생각한 경험이 없는 B군이 소거법의 과정에서 다른 생각과 동등하게 가치 높은 처우를 받는 것을 경험하게 됩니다.

06

전원이 동시에 발표해야 한다

해결해야 할 수업의 문제점
– 일부 아이들만 발표한다

이른바 '발문–거수–지명–발표형 수업'은 지난 70년 동안 적용된 수업 방법으로서 거의 모든 수업에 적용되어 왔으며 한결같이 학습부진아를 다수 만들어내는 데 크게 기여(?)한 바 있는, 실로 죄 많은 수업 방법 중 하나입니다. 앞에서 논한 바 있는 '자기 나름의 생각'을 모두가 마련하였으면 모든 아이들이 발표하도록 만들어야 합니다. 각자로 하여금 '자기 나름의 생각'을 마련하게 하는 것은 전원이 그 생각을 발표하도록 하기 위해서 하는 일이기 때문입니다. 전원이 발표함으로써 전원이 제대로 학습하여 전원이 A군이 될 수 있습니다. 그러므로 전원을 동시에 발표시킬 수 있는 기술이 절실히 필요합니다. 이제부터 그 기술의 하나로써 필자가 창안하여 '파상형(波狀型) 전원 동시 발표'라고 이름 지은 기술을 소개하고자 합니다.

파상형 전원 동시 발표

1. 자기 나름의 생각 마련하기

발표하기 위해서는 발표할 '거리', 곧 발표할 내용을 전원이 가지고 있어야 합니다. 그것을 가지고 있지 않으면 아예 발표를 할 수 없기 때문입니다. 이에 대해서는 이미 설명했기에 되풀이되지만, 전원이 제대로 학습하는 수업 성립의 관건이 되는 중요한 부분이기 때문에 간단히 언급하고자 합니다.

발문이 던져지면 아이 각자는 '자기 나름의 생각'을 마련하고 그것을 자기 말로 기록합니다. 이어서 짝꿍 또는 모둠원과 기록물을 교환하여 각각의 내용을 살핍니다. 이 과정에서 자기 생각과 이웃의 생각을 비교하여 더 좋은 생각을 발견하

면 거기에서 배워 자기 나름의 생각을 더 타당한 생각으로
고쳐 씁니다.

2. 전원의 '자기 나름의 생각'을 표에 써 넣기

전원이 자기 나름의 생각을 마련하고 기록하였으면 아이
들로 하여금 자신에게 주어진 란에 판서하게끔 하는 활동을
합니다. 이를 전원이 32명인 학급에서 실천한 사례로 설명
하겠습니다.

우선 이 학급은 이미 4명씩 8개 모둠으로 만들어져 있고,
각 모둠의 4명 아이들에게는 모둠 번호가 주어져 있습니다.
모둠 번호란 각 모둠의 4명의 아이 각자에게 무작위로 부여
한 ①, ②, ③, ④번의 번호를 말합니다. 오늘날 거의 모든 학
급에는 4명을 한 모둠으로 한 모둠 번호가 부여되어 있습니
다. 이러한 모둠 번호는 다른 경우에도 필요하지만 파상형
발표에서는 이와 같은 편제가 반드시 되어 있어야 합니다.

아이들이 교사가 준 발문에 대해 '자기 나름의 생각'을 마
련하여 기록하고 있는 동안에 교사는 칠판의 절반 하단에
(상단 절반은 교사의 판서로 이용) 되도록 크게 [표 1]과 같은
표를 그립니다.

[표1]

	1모둠	2모둠	3모둠	4모둠	5모둠	6모둠	7모둠	8모둠
①번								
②번								
③번								
④번								

  교사가 표 그리기를 마칠 무렵 아이들은 자기 나름의 생각을 기록하는 일을 마치게 되는데, 이때 "각 모둠의 ①번 아이는 기록해 놓은 각자의 자기 나름의 생각을 칠판에 그려 놓은 ①번 란에 판서하시오"라고 지시합니다(발문에 대한 '자기 나름의 생각'을 마련하여 기록하도록 지시할 때 시간과 글자 수 제한, 예컨대 '2분간 생각하여, 5자 이내로 쓰시오'도 함께 주어져 있습니다. 그래서 각자는 해당란에 알맞게 빨리 판서할 수 있습니다).

  지시에 따라 각 모둠의 ①번 아이 8명이 나와 해당란에 각자의 자기 나름의 생각을 판서합니다.

  판서를 마치면 제자리로 돌아갑니다.

  이때 판서 내용에 대한 설명이 필요하다고 생각되면 해당 아이에게 설명하게 합니다. 필요한 경우에는 교사가 보충 설명도 합니다.

각 모둠의 ①번 아이가 판서를 마치면 ①번 아이를 포함한 전원에게 다음과 같이 지시합니다.

"①번 아이들이 판서한 여덟 가지 생각을 하나하나 잘 읽어 봅시다. 8가지 생각 중에서 '앗! 좋은데!' 하고 납득이 가는 생각이 있는지 찾아봅시다. 찾았으면 거기에서 배워 각자의 생각을 고쳐 기록합시다."

이 지시에 따라 방금 판서한 ①번 아이는 물론 전원이 납득이 가는 좋은 생각을 찾는 일을 하게 되며, 그것을 찾은 아이는 '자기 나름의 생각'을 수정 보완하여 기록하게 됩니다.

전원이 수정 보완하면 이어서 각 모둠의 ②번 아이 8명에게 위와 같이 판서하도록 지시합니다.

각 모둠의 ②번 아이가 판서를 마치면 전원에게 앞에서와 같이 납득이 가는 좋은 생각을 찾아 각자의 생각을 보완하도록 지시합니다.

각 모둠의 ③번과 ④번 아이 8명도 위와 똑같은 요령으로 각자 자기 나름의 생각을 판서하고 아이 전원도 위와 똑같은 요령으로 그때마다 납득이 가는 좋은 생각을 찾아 배워서 각자의 생각을 보다 타당한 생각으로 향상적으로 변용시키는 작업을 하게 합니다.

이렇게 각 모둠의 ①, ②, ③, ④번 아이들이 '자기 나름의 생각'을 차례로 판서, 발표하는 과정에서 아이 전원에게 매우 의미 있는 변화가 이루어지게 됩니다. 표에 8명의 생각이 차례로 판서될 때마다, 전원은 판서된 8가지 생각의 내용을 검토합니다. 그리고 '앗! 저 생각 좋다!'며 납득이 가는 생각을 발견하면 거기에서 배워 '자기 나름의 생각'을 보다 타당한 생각으로 수정 보완하는 것입니다. 그렇게 해서 맨 끝에 판서하는 ④번 아이 8명은 물론이고 전원의 생각이 거의 만점짜리 생각(정답)이나, 그에 가까운 생각으로 변용됩니다. 모두가 세 번이나 발표자들에게서 배워, 각자의 생각을 갈고 다듬었기 때문입니다. 한 명의 불참자도 낙오자도 없이 목표 지향적으로 학습하는 것입니다.

이렇게 아이 전원이 실컷 사고하고 배우는 과정을 통해서 표가 완성됩니다.

[표 2]에서 각 모둠의 ①번 아이들은 A, B, C, D, E, F의 여섯 가지 생각을 제시하였습니다. ①번 아이들의 생각을 접한 아이는 그 하나하나의 의견과 자신의 생각을 비교 검토

● 파상형 발표에 따른 아이들의 생각이 향상적으로 변용되는 모습

[표 2] 파상형 발표(판서 발표)(1)

	1모둠	2모둠	3모둠	4모둠	5모둠	6모둠	7모둠	8모둠
①번	A	B	A	C	D	E	C	F
②번								
③번								
④번								

[표 3] 파상형 발표(판서 발표)(2)

	1모둠	2모둠	3모둠	4모둠	5모둠	6모둠	7모둠	8모둠
①번	A	B	A	C	D	E	C	F
②번	B	A	D	A	C	B	E	B
③번								
④번								

[표 4] 파상형 발표(판서 발표)(3)

	1모둠	2모둠	3모둠	4모둠	5모둠	6모둠	7모둠	8모둠
①번	A	B	A	C	D	E	C	F
②번	B	A	D	A	C	B	E	B
③번	A	B	A	A	A	D	A	A
④번								

[표 5] 파상형 발표(판서 발표)(4)

	1모둠	2모둠	3모둠	4모둠	5모둠	6모둠	7모둠	8모둠
①번	A	B	A	C	D	E	C	F
②번	B	A	D	A	C	B	E	B
③번	A	B	A	A	A	D	A	A
④번	A	A	B	A	B	A	B	A

하면서 더 좋은 생각을 발견한 아이는 처음 생각을 수정했을 것입니다.

[표 3]에서 ②번 아이들 중에 본래는 F라고 생각했었는데, ①번 아이들의 생각을 보고 다른 생각으로 수정한 아이가 있었을 수 있습니다. 이것이 ②번 아이들의 생각에 F가 없는 이유인지도 모릅니다.

[표 4]에서 ③번 아이들의 생각에는 F는 물론 C와 E가 없고 A, B, D의 세 가지 생각으로 모아졌는데 이것은 ①, ②번 아이들의 생각을 보고 자신의 처음 생각을 수정했을 가능성이 높습니다.

[표 5]에서 ④번 아이들의 생각은 A와 B의 두 가지로 모아졌는데 ④번 아이들이 처음부터 이렇게 생각하고 있었던 것은 아니었을 것입니다. ①, ②, ③번 아이들의 생각을 접하면

서 점점 변화한 결과가 아닐까 생각됩니다.

요컨대 이웃들의 생각이 차례로 나올 때마다 자신의 생각과 비교 검토하여 납득이 가는 생각을 찾아 거기에서 배워 각자의 생각을 향상적으로 변용시켜 나가는 것이 파상형 발표가 노리는 효과 중 하나입니다.

전술한 요령으로 표가 완성되면, 교사가 해야 하는 중요한 일이 있습니다. 교사는 완성된 표의 내용을 살펴, 본시 수업 목표를 달성하기 위해서는 반드시 나와야 하는 필수 사항이 모두 발표되었는가를 살펴야 합니다. 그 결과, 가령 필수 사항 중의 하나인 G가 빠져 있다면 보완해야 합니다. 보완하는 방법은 교사가 그렇게 하는 이유를 설명하고 ④번 란 오른편에 G를 보충 판서하면 됩니다.

3. 완성된 표를 다루는 방법

표가 완성되면 전원에게 모두에게 같이 묻습니다.

"자기 나름의 생각을 모두 발표하였는데, 자기 생각을 고쳐 쓰고 싶은 사람 있습니까?"

고쳐 쓰기를 희망하는 아이는 고쳐 쓰도록 합니다.
고쳐 써 놓고 보면

　① 전원의 생각이 일치할 경우가 있습니다.
　② 2~3가지의 생각으로 정리되는 경우도 있습니다.
　③ 여러 가지 생각으로 나누어지는 경우도 있습니다.

　①, ②, ③ 상황에서의 각각의 대응은 다음과 같이 다릅니다.

　①의 경우는 순이를 등장시켜 ①과 반대되는 의견을 제시하여 순이 대 전원으로 토론을 합니다. 물론 순이의 역할은 교사가 합니다.
　②의 경우는 같은 생각을 가지고 있는 사람과 그룹을 만들어 서로 토론을 시킵니다.
　③의 경우는 다음과 같은 방법으로 다룹니다.

　예컨대 [표 6]과 같이 1모둠의 ①번 아이의 생각 ㉯와 같거나 비슷한 생각을 선으로 이어 모읍니다.
　같은 요령으로 선을 이어 [표 6]과 같이 정리합니다.

[표 6]

	1모둠	2모둠	3모둠	4모둠	5모둠	6모둠	7모둠	8모둠
①번	나	다	마	나	마	나	바	라
②번	가	바	가	바	가	라	바	나
③번	라	가	라	다	나	마	나	마
④번	나	바	마	바	라	라	다	마

가 4명 나 7명 다 3명

라 6명 마 5명 바 7명

이렇게 정리해 놓고 보니 32명 아이들의 생각이 ㉮, ㉯, ㉰, ㉱, ㉲, ㉳의 여섯 가지임과 ㉮ 4명, ㉯ 7명, ㉰ 3명, ㉱ 6명, ㉲ 5명, ㉳ 7명임을 알았습니다.

위와 같은 방법으로 학급 모든 아이의 생각과 그 수를 파악할 수 있습니다.

생각과 수를 파악하였으면 다음과 같은 방법과 순서로 다룹니다.

[표 6]의 6가지(㉮, ㉯, ㉰, ㉱, ㉲, ㉳) 생각을 보고, 아무리 생각해도 납득이 가지 않는 생각 하나를 찾도록 지시합니다.

선택 상황을 거수시켜, 그 수를 파악합니다.

선택된 수가 가장 많은 생각에 대하여 그렇게 생각한 근거를 물어, 그 생각이 타당하면 해당 생각은 도태시킵니다.

두 개의 생각이 남을 때까지 같은 요령으로 도태시킵니다.

남은 2가지 생각 중 하나를 선택하게 한 후 양 그룹으로 나누어 토론 시킵니다.

4. 소인수 학급에서의 적용

파상형 전원 동시 발표를 소인수 학급(예컨대 10명 이하의 학급)에서도 적용할 수 있을까 하는 의문을 가질 수 있습니다. 결론부터 말하면 2명의 경우까지도 적용할 수 있으며, 아이 수가 적은 학급일수록 더 활발하게 적용해야 한다고 생각합니다.

파상형 전원 동시 발표는 이웃과 더불어 학습함으로써 부진아를 만들지 않으며, 전원이 거의 같은 수준으로 학습을 성취할 수 있는 기술입니다. 가령 전원이 10명인 학급이라면 칠판이 전원이 동시에 판서할 수 있을 만큼의 크기이므로 전원이 동시에 나와서 판서하면 짧은 시간에 할 수 있습니다. 그러나 그럴 경우 내 생각과 이웃들의 생각을 비교 사고하고, 자신의 소박한 생각을 향상적으로 변용시키는 기회를 한 번만 가질 수 있습니다.

그렇지만 10명을 4명, 3명, 3명으로 나누어, 파상형으로 판서 발표하게 하면 세 번을 비교 사고하고 고쳐 쓸 수 있어, 각자의 생각을 보다 더 탁월한 생각으로 향상적으로 변용시킬 수 있습니다.

그러므로 10명의 경우는 4명, 3명, 3명으로

9명의 경우는 3명, 3명, 3명으로

8명의 경우는 3명, 3명, 2명으로

7명의 경우는 3명, 2명, 2명으로

6명의 경우는 2명, 2명, 2명으로

5명의 경우는 2명, 2명, 1명으로

4명의 경우는 2명, 1명, 1명으로

3명의 경우는 1명, 1명, 1명으로

2명의 경우는 1명, 1명으로 나누어 발표(판서)토록 하면 이웃으로부터 배워 각자의 생각을 향상적으로 변용시킬 수 있겠습니다.

5. 파상형 발표의 효과

파상형 발표의 실천을 통하여 다음과 같은 효과가 있음을 확인할 수 있었습니다.

- A·B양군으로 분열되지 않습니다.
- 전원이 당면한 문제에 대한 '자기 나름의 생각'을 갖습니다.
- 단시간 내에 전원이 '자기 나름의 생각'을 발표할 수 있습니다(32명의 경우 약 5분 내에 전원이 발표할 수 있습니다).
- 전원이 전원의 생각을 앎으로써 자신과 이웃들의 생각을 비교하고 배워서, 소박했던 처음의 생각을 보다 타당한 생각으로 향상적으로 변용시킵니다.
- 전원이 학습의 당사자이며 주체임을 실감하고, '나도 학습 집단의 한 사람이라는 소속감'을 실감합니다.
- 학습은 이웃과 더불어 할 때(가르쳐주고, 배울 때) 전원이 보다 효과적으로 이루어짐을 체험을 통해서 실감하게 됩니다.
- 전원이 적어도 수업 목표 수준의 학습을 성취합니다.
- 아이들의 발표 본성을 충족시킬 수 있습니다.

6. '파상형 전원 동시 발표'라는 이름

'파상'을 한자로 쓰면 '波狀'이 됩니다.

처음에 '파상형 발표'를 창안하여 수업에 적용하여 본 바, 바로 위에서 설명한 것과 같은 효과가 확인되어 이에 이름을 붙여야겠는데 만족할 만한 이름이 떠오르지 않았습니다. 그런데 바닷물이 잔잔한 어느 여름날, 바닷가 모래밭에 앉아서 밀려 왔다 모래밭에서 사라지곤 하는 파도를 보고 있었습니다. 그때 '아! 이것이다!' 하는 생각이 떠올랐습니다.

각 모둠의 ①번 아이들이 나와서 판서하고 들어가면 다음으로 ②번 아이들이 나와서 판서하는 모습이, 마치 밀려 왔다 사라지고 뒤이어 온 물결이 사라지는 모습과 비슷했기 때문이었습니다. '波狀'이라는 말은 물결이 움직이는 모습을 이르는 말이기에 적합하다고 생각했습니다.

소신도별 전원 동시 발표

전원이 동시에 발표하는 기술을 하나 더 소개하고자 합니다. '소신도(所信度) 별 전원 동시 발표'가 그것입니다. 이것은 이름 그대로 아이가 자신이 소신(所信)하는 정도를 곁들여 발표하는 기술입니다.

문제와 함께 선택지를 주는데([표 7] 참조) 이 선택지는 소신에 따라 선택하도록 만들어졌습니다. '반드시 그러하다', '아마도 그러할 것이다'와 같이 자기 소신에 따라 발표하는 기술입니다.

[표 7] 2015년~2025년의 10년간의 우리나라의 쌀 생산량을 어떻게 해야 할까?			
소신도	더 많이 생산해야 한다.	현재 수준을 유지 해야 한다.	더 적게 생산해야 한다.
반드시		철수	
아마도			순이

예컨대 '2015년~2025년의 10년간의 우리나라의 쌀 생산에 대한 예측적 사고'를 교육하고자 할 때, [표 7]과 같이 칠판에 그려 각자로 하여금 소신에 따라 발표하도록 했습니다.

발표하는 방법은 전원이 차례로 나가 '자석 이름표'(직경 약 3cm 정도 크기의 한쪽 면에 이름을 써 놓은 둥근 자석)를 자기 소신에 따라 해당하는 곳에 붙이면 됩니다. '반드시 현재 수준을 유지해야 한다'고 생각하는 철수는 [표 7]과 같이 자석 이름표를 붙였습니다. '아마도 적게 생산해야 한다'고 생각하면 순이와 같은 위치에 자석 이름표를 붙입니다.

음성에 의한 전원 동시 발표

발표 방법에는 여러 가지가 있지만, 가장 흔히 사용되는 방법은 말로 발표하는 음성 발표입니다.

어떤 방법에 의해 발표가 이루어지든 반드시 지켜져야 하는 일은 일부 아이만이 아닌, 전원으로 하여금 발표하게 하는 일입니다. 그렇지만 제한된 짧은 수업 시간 내에 모두가 음성 발표를 하는 일은 쉬운 일이 아닙니다. 당연히 그 방법을 연구해야 할 필요가 있습니다. 여기에서는 실천 가능한 방법을 제안하고자 합니다.

어떤 방법이든 전원으로 하여금 발표하게끔 하기 위한 전제 조건은 전원이 발표할 거리, 곧 발표할 내용을 가지고 있어야 한다는 겁니다. 그래서 앞에서 이미 논한 바와 같이 발문(문제)이 던져지면 곧바로 각자로 하여금 '자기 나름의 생각'을 마련하여 그것을 기록하도록 해야만 합니다. 다음으로 학급 전원이 자기 나름의 생각을 마련하여 기록하고 있다는 전제 하에 전원으로 하여금 음성 발표케 하는 방법을 설명하겠습니다.

앞에서와 같이 학급 아이 수가 32명인 경우를 예로 들어 설명하고자 합니다.

먼저 각 모둠의 ①번 아이(이 때 ①번 아이를 지명하는 것은 설명 상의 편의를 위해서 그러한 것이며 지명 순서는 교사의 의도에 따름) 8명으로 하여금 일어서게 합니다.

이어서 차례로 발표하도록 지시합니다.

이때 지명 받아 일어선 8명의 아이는 발표 거리, 곧 발표할 내용을 가지고 있을까요?

당연히 전원이 예외 없이 가지고 있어야 합니다.

발문이 던져지자 아이 각자는 곧바로 자기 나름의 생각을 마련하고 기록하여 짝꿍과 교류하기까지 이루어진 후에 전원 발표가 이루어지기 때문입니다(어려워서 자기 나름의 생각을 마련하기 어려울 때는 짝꿍의 기록을 보고 힌트를 얻든지, 아니면 짝꿍의 기록 내용을 그대로 베껴 씀으로써 자기 나름의 생각을 마련하도록 지도합니다).

각 모둠의 ①번 아이 8명이 차례로 음성 발표를 합니다.

이때 교사가 반드시 해야 할 중요한 일이 있습니다. 음성 발표를 그저 듣고만 있어서는 안 되며 ①번 아이 8명의 발표를 경청하여 그 핵심을 일일이 요약하여 짧게 판서해야 합니다. 판서는 발표된 내용을 본 수업 시간 중에 언제라도, 누구라도 볼 수 있도록 하여 각자의 생각과 비교할 수 있고, 판서되어 있는 생각을 상호 비교할 수 있도록 하기 위해서입니다.

아이의 발표를 받아 요약 판서하는 일과 관련하여 실천 과정에서 알게 된 한 가지 사실을 알려드리고자 합니다. 그것은 아이들은 자신이 발표한 내용이 요약 판서되는 것을 매우 좋아한다는 사실입니다. 발표자의 이름도 함께 판서하면 그것을 매우 즐거워하는 것을 볼 수 있었습니다.

그렇게 하여 8명의 발표가 끝나면, 전원으로 하여금 요약 판서되어 있는 내용을 살펴보게 합니다. 그리하여 각자의 '자기 나름의 생각'과 똑같거나 유사한 생각을 찾게 합니다.

이때 판서 내용을 아무리 보아도 자기 생각과 같거나 유사한 생각이 없는 아이가 있을 수 있습니다. 이런 아이에게는 주저 없이 각자의 생각을 발표하도록 지도하고 교사는 그 내용을 요약하여, 앞의 8명 아이의 의견 다음에 이어서 판서합니다. 이와 같이 하는 발표를 '보충 발표', 그렇게 발표된 내용을 요약하여 판서하는 것을 '보충 판서'라 합니다.

이렇게 지명 받은 ①번 아이의 8가지 의견과, 보충 발표가 3명이 이뤄졌다면 보충 의견 3가지가 나오니 전부 합쳐서 11가지 의견이 판서됩니다.

이때 11가지의 생각은 누구의 생각일까요?

발표한 11명 아이들만의 생각일까요?

학급 전체 아이 32명의 생각일까요?

말할 것도 없이 학급 아이 전원, 곧 32명 아이 모두의 생각이 발표된 것입니다.

32명 각자가 일일이 직접 음성으로 발표한 것은 아닙니다. 하지만 각 모둠의 ①번 아이 중의 누군가가 내 생각과 같거나 유사한 생각을 발표하였으니 그가 '나를 대신하여 발표해 주었으며 그 덕택으로 내 생각이 다른 생각들과 어깨를 나란히 하여 당당히 판서되어 있다'는 생각이 들게끔 하여 발표의 당사자요, 학습 주체의 하나라는 의식을 갖도록 교사는 지도해야 합니다.

그렇게 하여 전원의 생각이 판서된 시점에서, 각자 팔을 펴서 손가락으로 판서 되어 있는 각자의 생각을 가리키도록 합니다. 그 후 교사의 선창에 따라 전원이 "내 생각 저기 있다!"라고 일제히 외치도록 합니다. 이로써 '발문-거수-지명-발표형 수업'에서는 우수아들이 발표하는 모습을 구경만 하고 있었던 아이들이 자신들도 발표의 당사자요, 발표의 주체로서 참가하고 있음을 실감하게 될 것입니다. 또한 지금까지 한 번도 가져 보지 못했던 학습 집단의 일원으로서의 소속감을 만끽하게 될 것입니다.

판서된 생각들을 보면서 흔히 똑같거나 유사한 생각은 통합해야 합니다. 앞에서 예로 든 11가지 생각 중에서 같거나 비슷한 생각을 통합하고 보니 7가지로 통합되었습니다.

이렇게 전원의 생각이 통합 정리되었으면 전원으로 하여금 7가지 생각을 읽어보며 자신의 생각과 비교해 보도록 해야 합니다.

7가지 생각을 검토하는 과정에서 '앗! 좋은 생각이다!' 하고 납득이 가는 생각을 발견하면 거기에서 배워 '자기 나름의 생각'을 수정 보완하도록 합니다.

다음으로 위와 같이 마련된 7가지 생각을 어떻게 다룰 것인가의 일이 남았습니다.

이에 대해서는 앞서 '파상형 전원 동시 발표'에서 아이들의 생각 ㉮, ㉯, ㉰, ㉱, ㉲, ㉳를 다룬 방법과 똑같은 방법으로 다루었으면 합니다.

07
교실에는 '오답'이란 없으며 '자기 나름의 생각'이 있을 뿐이다

해결해야 할 수업의 문제점
– 완전하지 못한 생각에는 어떤 의미와 가치도 부여하지 않는다

오늘날 아이들의 오답에 대한 인식은 다음과 같이 형성되어 있습니다.

오답은 선생님의 머릿속에 있는 답과 같지 않은 모든 생각을 말한다.

따라서 오답은 틀린 생각, 옳지 않은 생각, 쓸모없는 생각, 무가치한 생각이므로, 아무런 의미도 부여 받지 못한 채 버려진다.

오답은 공부를 못하는 사람이 하는 생각이다.

그래서 오답을 하는 것은 부끄러운 일이다.

오답한 아이가 심리적 상처를 입지 않도록 유의하려는 교사의 배려가 본의와는 무관하게, 아이들은 오답이라는 판정을 받은 순간 부끄러워 수치심을 느끼게 됩니다. 그리고 애써 생각하고 발표한 생각에 아무런 의미도 부여받지 못함으로 인하여 모멸감을 느끼며, 자존심에 상처를 입게 됩니다. 이런 경험에 의해 결과적으로 아이들은 발표에 앞서 '틀리면 어쩌나?' 하는 불안감과 두려운 생각, 곧 공포심을 갖게 됩니다. 그리하여 이들은 오답의 공포로부터 자신을 보호하는 방법을 생각하게 됩니다. 바로 아무 발표 없이 가만히 있는 겁니다.

아이들은 발표를 하지 않고 함구하며 앉아있기만 하면, '오답의 공포'로부터 자신을 보호할 수 있음을 알고 그렇게 행합니다. '자기 나름의 생각'을 가지고 있어도 발표하지 않으며, 마침내 발표하지 않을 것이니 생각할 필요도 없어집니다. 그리고 생각하지 않음으로 인해 결국 학습부진아가 되어버립니다.

'덜 완전한 생각'의 중요한 의미

교실에는 본디 '오답'이라는 것이 없습니다. 그럼에도 불구하고 누구에 의해 언제 도입되었는지 모르겠지만, 오답은 오랫동안 교실에 존재하면서 보통의 아이들을 A·B로 양군화 하는 데 크나큰 역할을 해 왔습니다. 많은 아이들이 오답의 공포로 인하여, 사고도 발표도 하지 못한 채, 함구하는 방관자로 지내왔으며, 지금도 그 연장선에 있습니다.

그런데 사실 수업에서 '물음'을 던지는 것은 아이로 하여금 그 정답을 알아맞히게 하려고 묻는 것은 아닙니다. 그것을 매개로 하여 아이 각자로 하여금 사고하도록 함이 그 목적입니다.

그런 관점으로 보면 교사의 물음에 대하여 아이들이 생각한 내용이 비록 '덜 완전한 생각'이라 해도, 아이는 제시된 '물음'에 관하여 생각한 것입니다. '덜 완전한 생각'이라 하더라도 '물음'을 해결하기 위해 생각 끝에 얻은 것이므로 그것은 최소한의 의미라도 가지고 있는 것입니다.

'많이 덜 완전한 생각'이라 할지라도 결코 '잘못된 생각', '틀린 생각'이 아닙니다. 어디까지나 '덜 완전한' 정도에 차이가 있는 생각일 뿐입니다. 이들은 결코 버려져서는 안 될니다. 그렇게 바라보면 '덜 완전한 생각'이 '완전한 생각(정해답)'에 어느 정도 접근하였는가에 관한 접근 정도를 살펴야 한다고 생각하게 됩니다.

이 생각은 금광석에 들어있는 금의 함유량에 비유할 수 있습니다. 금광석 안의 금의 함유량은 저마다 다르다고 합니다. 그리고 1%의 금을 함유한 금광석부터 99%를 함유한 금광석까지 금의 함유량에 따라 값이 다르다고 합니다. 이처럼 교사가 던진 발문에 대해 생각 끝에 얻어낸 결과는 정해답(진리)을 99%부터 1%까지 함유한 생각까지 다양한 것입니다.

교사의 물음에 대한 아이들의 생각은 크게 두 가지, 곧 '완전한 생각'과 '덜 완전한 생각'으로 나누어질 것입니다. 그리고 '덜 완전한 생각'은 '완전한 생각'에 어느 정도 접근하였는가 하는 접근 거리에 따라 몇 단계로 나눌 수 있을 것입니다. 이에 대하여 필자는 다섯 단계로 나누어 그 생각의 수준을 나타내는 것이 합리적이라고 생각하고 있습니다. 생각 수준의 차이가 있음에도 불구하고 그 모두를 통틀어 똑같이 '덜 완전한 생각'이라고 평가해버리면, 아이들의 사고를 향상적으로 변용시키기 어렵다고 생각하기 때문입니다.

사람은 자기가 수행한 일이 목표에 비추어 어느 단계에 이르고 있는가를 객관적으로 평점 받고자 원하는 본성을 가지고 있는 존재입니다. 따라서 '덜 완전한 생각'을 다섯 단계로 나누어, 그 중 어느 단계에 해당하는 수준인가를 평가하여 줌으로써, 각자가 자기 생각의 수준을 파악하여 한 단계 더 높은 수준으로 올라가려는 노력을 의식적으로 할 수 있을 것입니다. 하나의 단계가 너무 높으면 아이가 오르기 힘들 것이며, 그것이 너무 낮으면 단계가 많아져 교사가 평가하기 번잡하므로 5단계면 합리적이라고 생각합니다. 또한 5단계 분류면 아이들은 자기 생각의 수준을 이해하기 쉬울 것이며, 거기에서부터 다시 출발하여 더 높은 수준으로 올라가고자 하는 의욕도 내발하기 쉬울 것입니다.

그리고 '오답'은 '틀린 답', 그래서 쓸모없어 버려진다는 부정적 뉘앙스를 가진 말이며, '덜 완전한 생각'은 조금만 고치고 더하면 '더 완전한 생각'이 될 것이라는 긍정적 뉘앙스를 가진 말입니다. 교실에서 '오답'이라는 말이 사라지고 '덜 완전한 생각'이라는 긍정적인 말로 대체될 때, 70년 동안 보통의 아이들을 A·B로 양군화해 온 주요 요인의 하나가 없어지게 될 것입니다.

도상(途上)생각

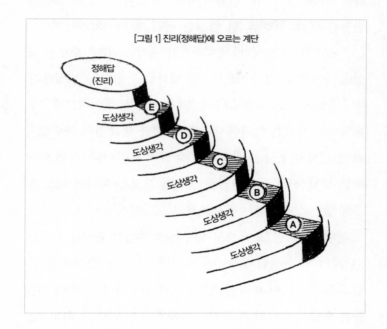

[그림 1] 진리(정해답)에 오르는 계단

정해답
(진리)

도상생각

도상생각

도상생각

도상생각

도상생각

E

D

C

B

A

앞서 '덜 완전한 생각'을 다섯 단계로 나누는 것이 합리적이라고 제안했습니다. [그림 1]은 이 제안을 설명하기 위하여 마련했습니다. 정상에 '완전한 생각', 곧 '진리'가 있고 '덜 완전한 생각'은 '완전한 생각'과의 거리에 따라 Ⓐ, Ⓑ, Ⓒ, Ⓓ, Ⓔ의 다섯 단계로 나타냈습니다(여기에서 '진리'란 '정해답'을 말하지만 '정해답'이라 하면 그 반대 개념인 '오답'을 상기하기 쉽고 교실에 '오답'이란 개념은 본디 없는 것이므로, '완전한 생각'이라는 의미에 '진리'라는 말을 부여하고자 합니다). 그러니까 '덜 완전한 생각 Ⓐ'부터 '덜 완전한 생각 Ⓔ'까지의 5단계인데 Ⓐ~Ⓔ까지의 각 생각들은 '완전한 생각(진리)'에 오르는 도상(途上)에 있는 생각이므로, 이 생각들을 필자는 '도상생각' Ⓐ~Ⓔ라고 부르고 있습니다. '덜 완전한 생각'이라고 할 때, 해당되는 생각은 어디까지나 '덜 완전한 생각'임이 틀림없지만 '완전하지 못함'을 강조하는 것 같기도 합니다. 그런 이미지를 씻고 '진리', 곧 '완전한 생각'에 오르는 계단의 어느 도중에 있는 생각이라는 뜻으로서의 '도상생각'입니다.

'정답', 아니면 '오답'으로 나누는 이분법적 판정에 의하면 5단계의 '덜 완전한 생각', 곧 '도상생각 Ⓐ~Ⓔ'들은 모두 '오답'으로 처우되어 버려질 운명인 생각들입니다. 그러나 이것들은 오답이 아니라 진리(정해답)에 이르기 위한 도상에 있는 생각입니다. 그러니까 '도상생각 Ⓐ, Ⓑ, Ⓒ, Ⓓ, Ⓔ'는 각각 '진리(완전한 생각)'의 함유량이 다른 것일 뿐입니다.

이것을 비율로 나타내보면 다음과 같을 것으로 생각합니다.

'진리' 곧 '완전한 생각'의 함유량	
· 1% ~ 20%	도상생각 Ⓐ
· 21% ~ 40%	도상생각 Ⓑ
· 41% ~ 60%	도상생각 Ⓒ
· 61% ~ 80%	도상생각 Ⓓ
· 81% ~ 99%	도상생각 Ⓔ
· 100%	완전한 생각(진리)

'오답'이라는 생각을 버리고, '덜 완전한 생각', '도상생각'으로 접근하면 아이들은 비록 진리(완전한 생각)까진 오르지 못했지만, 도달한 계단에서 다음 계단까지가 그다지 높지 않으니 조금만 힘을 쓰면 올라갈 수 있다고 하는 의욕이 내발될 수 있을 것입니다. 틀리면 어쩌나 하는 불안감, 공포감으로부터 완전히 해방된 자유로운 마음으로 다음 단계를 도전할 것이며 어떠한 생각도 버려지지 않고 각자의 생각에 의미가 부여되고 가치가 인정되는 기쁨을 안고 학습하게 될 것입니다.

도상생각이 적용된 수업 사례

오답을 몰아낸 수업, 바꾸어 말하면 '오답의 공포'로부터 해방된 수업에서 아이들은 전원이 제대로 학습하는 기쁨을 만끽하게 된다는 것을 입증해주는 수업 사례 하나를 요약하여 소개하기로 합니다.

다음은 데지마 가쓰로* 선생의 2학년을 대상으로 한 수학 수업입니다.

수업자는 아이들에게 따라서 노트하도록 지시하고, 다음 학습문제를 판서하였습니다.

> 아이들이 한 줄로 나란히 줄 서 있습니다.
> 순이는 앞에서부터 여덟 번째, 뒤에서부터 일곱 번째에 서 있습니다.

위와 같이 문제의 상황과 조건을 판서하고, 9명의 아이를 차례로 지명하여, 그들이 노트한 것을 보고 읽도록 지시하였습니다.

※ 쓰쿠바 대학교 부속소학교의 교사로 수학과 수업의 전문가임.

이어서 "이 문제는 아직 완성되지 않았습니다. 여러분이 완성시켜보세요. 어떤 말이 이어지면 문제가 완성될까요? 노트에 적어보세요"라고 지시하였습니다.

이어서 묻는 말을 5명의 아이를 차례로 지명하여 발표시켰으며, 그들은 이구동성으로 다음과 같이 말하였습니다.

줄 서 있는 아이는 모두 몇 사람일까요?

교사가 발표를 받아 위와 같이 판서함으로써 문제가 완성되었습니다.

이어서 교사가 다음과 같이 지시하였습니다.

"줄 서 있는 아이가 모두 몇 명인가를 생각하여, 메모지에 답을 써서 선생님에게 가져오세요."

아이들은 지시에 따라, 기록한 메모지를 교사에게 차례로 제출하고, 이것을 받은 교사는 메모 내용을 보며 분류하였습니다.

전원이 제출하였음을 확인하고 [자료 1]과 같이 판서하였습니다.

이어서 "이 세 가지 답 중에서, 아무리 생각해도 잘 모르겠다는 점이 있으면 질문합시다"라고 지시하였습니다.

[자료 1]

아이들이 내놓은 답	응답한 아이 수
16명	3
15명	27
14명	4

이 지시에 따라 맨 먼저 16명에 대한 질문이 있었습니다. 어떻게 생각하여 16명이 나왔느냐는 질문이었습니다.

다음으로 15명에 대한 질문이 16명의 경우와 같이 이루어졌습니다.

이어서 16명, 15명의 차례로 응답자들의 설명이 이루어졌습니다.

먼저 16명을 응답한 아이들 쪽에서 설명하였습니다. 그들은 "순이 앞에 8명, 순이 뒤에 7명, 한 가운데에 순이가 있으므로 8+7+1하여 모두 16명입니다"라고 발표하였습니다.

16명에 대한 설명이 다 이루어진 후에 다음과 같이 그림을 판서했습니다. 그러자 반론이 이루어져 결국 부정되고 말았습니다.

모두가 그렇다고 납득하였습니다.

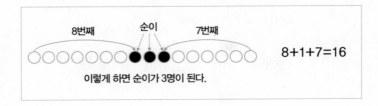

8번째　　순이　　7번째

8+1+7=16

이렇게 하면 순이가 3명이 된다.

이어서 15명 쪽에서 설명하였습니다. 그들은 '순이는 앞에서부터 8번째, 뒤에서부터 7번째이므로 8+7은 15명입니다'라고 발표하였습니다.

이에 대해서는 다음과 같은 그림을 판서하며 반론이 이루어졌습니다.

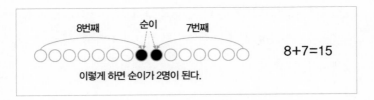

8번째　　순이　7번째

8+7=15

이렇게 하면 순이가 2명이 된다.

결국 순이가 2명이 됨이 지적되어 부정되고 말았습니다.

모두가 과연 그렇다고 납득하였습니다.

이어서 14명 쪽에서 다음과 같은 그림을 그리면서 설명하였습니다.

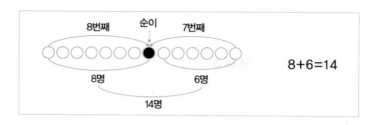

이 설명을 듣고 '과연 그렇다!'라며 납득하였습니다.
설명이 끝난 뒤에 교사는 다음과 같이 지시했습니다.

　"세 가지 설명을 듣고, 맨 처음 생각과 달라진 아이가 있는 것
같군요. 그러면 지금 한 줄로 서 있는 아이는 몇 명이라고 생각
합니까? 답을 보고 설명하는 그림을 그리세요. 그리고 메모지를
사용하여 짝꿍에게 설명하세요. 두 사람이 끝나면 메모지를 선
생님께 가져오세요."

　제출된 메모지는 거의 모두 다음과 같이 기록되어 있었습
니다.

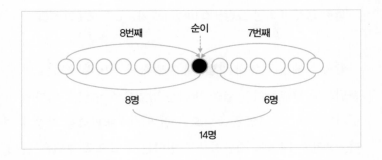

8번째 / 순이 / 7번째

8명 / 6명

14명

  한 명의 열외자도 없이 문자 그대로 전원이 진지하게 사고하고 집요하게 추구한 완벽한 수업이었습니다. 이 수업은 5월 21일에 이루어졌으므로 당시 아이들은 2학년으로 진급해서 두 달이 채 못 되었는데(일본은 4월 1일에 신학년이 시작됨), '이렇게 한 명의 열외자도 없이 전원이 시종 집중하며 이모저모로 생각하여 학습할 수 있을까!' 하며 감탄하지 않을 수 없었습니다.

  아이들이 이와 같이 학습하는 것은 결코 우연이 아니며, 그렇게 될 수밖에 없도록 수업이 이루어졌습니다. 이제 이 수업을 차근차근 분석해보겠습니다.

'틀린 생각'이 아닌 '도상생각'이었기에 가능했던 모두의 정답

앞서 문제를 전통적 방법, 다시 말하면 정답과 오답의 이분법으로 판별하여 오답을 버리는 방법으로 수업이 이루어졌다면 16명과 15명은 오답으로 판별되어 버려졌을 것입니다. 그리고 14명이 정답임을 확인하는 수업으로 그쳤을 것입니다. 수업이 이렇게 이루어졌다면 정답을 얻어내는 방법을 학습하는 그 이상의 수업이 되기 어렵습니다. 정답을 얻어내는 방법은 알게 되겠지만, 가장 중요한 수학적 사고가 이루어지지 않기 때문입니다.

데지마 선생의 수업에서는 16명 쪽과 그것을 부정하는 쪽이 대립하는 사고 장면이 조성되어 토론이 이뤄지고, 마침내 16명이 옳지 않은 생각임을 납득하여 16명을 주장하였던 아이들이 스스로 그것을 부정하는 설명을 하였습니다. 15명의 경우도 긍정과 부정의 양쪽 생각으로 나뉘어져 위와 같은 토론을 거쳐 마침내, 15명이 옳다고 주장하던 아이들이 자신들의 생각이 옳지 않았음을 인지하고 설명하였습니다. 이런 과정을 거쳐, 마침내 전원이 14명이 옳은 생각임을 이해하고, 짝꿍끼리 설명할 수 있게 되었습니다.

이 수업을 보면서 확인한 부분을 다음 세 가지로 정리하고

자 합니다.

첫째, 데지마 선생은 메모지를 받고, 분류하여, 그 수를 확인하고, 표를 판서하는 과정에서 그 말과 표정으로는 어느 것이 정답인지 알 수 없도록 완전히 중립적인 자세를 취하였습니다. 그래서 아이들은 정답이 밝혀지는 시점까지, 줄곧 학습의 당사자로서 집중적으로 참가할 수 있었습니다.

둘째, 표에 배열하는 순서와 논의하는 순서를 16명, 15명, 14명의 차례로 하였으며, 여기에도 데지마 선생의 전문가로서의 역량을 읽을 수 있었습니다. 14명을 먼저 논의할 경우, 자연히 14명이 정해답임을 알게 되어 15명, 16명의 논의는 김빠진 싱거운 일이 되어버리기 때문입니다.

셋째, 16명과 15명의 답을 흔히 하는 대로 오답으로 처리하지 않고, 그 대답으로써 전원으로 하여금 더불어 사고하도록 만들고 있습니다. 우선 당사자들로 하여금 그렇게 생각한 논리를 설명하게 하고, 이어서 생각을 달리하는 아이들의 논리를 펴게 합니다. 그렇게 함으로써 마침내 전원이 16명과 15명이 가진 논리의 약점을 이해하고 정답을 찾아낼 수 있었습니다.

여기서 16명과 15명은 진리(14명이라는 정답)에 오르는 과정(계단)의 도상(途上)에 있는 '도상생각'이었습니다. 아이 전원은 계속해서 사고 활동을 해야 하는데, 그러기 위해서는 사고의 소재 곧 '소재생각'이 있어야 합니다. 이 사고의 소재, 곧 '소재생각'이 다름 아닌 '도상생각'이기도 합니다.

08
'정답주의'로부터 해방되어야 한다

해결해야 할 수업의 문제점
– 정답주의의 포로가 되어 있는 교사와 아이

그리스 신화를 보면 프로크루스테스라는 강도가 나옵니다. 그는 여관업을 하면서 길손이 하룻밤 묵기를 원하면 반갑게 맞아들여 그의 안방으로 인도했습니다. 그의 안방에는 철침대가 하나 있는데 길손을 그 침대에 눕게 합니다. 그런데 길손의 키가 그의 철침대보다 크면 큰 만큼 잘라버리고, 작으면 잡아 늘여서 침대와 똑같게 만들었습니다.

이것이 이른바 '프로크루스테스의 철침대' 이야기인데, 프로크루스테스에게 철침대는 모든 일의 정오를 판단하는 기준이었습니다. '프로크루스테스의 철침대'에 비유되는, 교사의 머릿속에 있는 이른바 정답이란 오직 하나로 한정되어 있으므로 그것을 찾기란 아이들에게는 쉬운 일이 아닙니다.

이제 필자가 참관했던 수업 중에서 '프로크루스테스의 철침대'에 비유될 수 있는 예를 하나 들어보기로 하겠습니다. 2학년 구구법 학습의 연장으로 학습 성립 상황을 진단하기 위한, 이른바 형성평가 단계에서 본 사례입니다.

[그림 1]

○ ○ ○ ○			

[그림 2]

○ ○ ○ ○	○ ○ ○ ○ ○ ○ ○ ○	○ ○ ○ ○ ○ ○ ○ ○ ○ ○ ○ ○	○ ○ ○ ○ ○ ○ ○ ○ ○ ○ ○ ○ ○ ○ ○ ○

[그림 3]

○ ○ ○ ○	○○○ ○○○ ○○○ ○○○	○ ○ ○ ○ ○ ○ ○ ○ ○ ○ ○ ○	○ ○○○ ○ ○ ○○○ ○ ○ ○○○ ○ ○ ○○○ ○

[그림 1]을 주고, 이 네 개의 칸 안에 '4×4=16'을 그림으로 그리도록 하는 문제가 주어졌습니다.

그때 제 가까이에 있는 Y아이는 [그림 2]와 같이 그렸습니다.

그것을 본 교사는 [그림 3]과 같이 각 칸에 파란색 마카 펜으로 4개씩 동그라미를 그리면서 뭔가 중얼거렸습니다.

Y아이는 그 작은 손으로 애써 그린 그림이 교사의 손에 의해 여지없이 짓밟히는 장면을 보고 있었습니다.

이 경우 Y아이의 생각이 틀렸을까요?

Y아이가 그린 걸 곰곰이 생각해보면 '4를 두 번 더하면 8, 세 번 더하면 12, 네 번 더하면 16'이라는 곱셈의 원리를 제대로 설명한 그림 아니겠습니까? 그러나 이 선생님의 머릿속에 있는 정답은 각 칸에 동그라미를 네 개씩 그려 넣는 것이며, 그대로 되어 있지 않으면 모두 틀린 답으로 한정되어 있습니다.

이것이야말로 '프로크루스테스의 철침대'가 아닐 수 없는, 돌과 같이 단단히 굳어 융통성이 없는 정답주의에 사로잡힌 교사의 모습입니다.

교사와 아이 모두가 정답주의로부터 해방되기 위하여

1. 교사가 먼저 해방되어야 한다

이미 살펴본 바와 같이 아이들이 '정답주의의 포로'가 된 것은 교사 탓이었습니다. 교사가 자신의 머릿속에 있는 이른바 정답을 찾게 한 것이 문제입니다. 따라서 결코 바람직하지 않은 정답주의로부터 아이들을 해방시키기 위해서는 교사가 먼저 정답주의로부터 해방되어야 합니다.

그러기 위해서는 교사의 머릿속에 있는 생각, 곧 정답이라고 생각하고 있는 것을 아이가 응답해 주기를 바라는 생각을 완전히 버려야 합니다. 아이 각자가 자신의 최선을 다하여 마련한 생각을 기록하고, 그것을 발표하는 것을 가장 잘하는 일이라고 생각을 바꾸고, 실제로 그렇게 처우해야 합니다.

교사의 생각이 바뀌면 아이들은 자연히 그렇게 따라 변할 것입니다. 그때서야 비로소 아이들은 체험을 통하여 '자기 나름의 생각'이 제대로 된 학습에 있어 결정적 조건이라는 것을 가슴으로 터득하게 될 것이며, 꼭꼭 묶여 있었던 '정답주의의 포로'로부터 풀려 나올 수 있을 것입니다.

2. 아이 각자로 하여금 자기 나름의 생각을 갖도록 하여야 한다

　교사는 물론 아이들이 함께 '정답주의의 포로'로부터 해방되기 위해서는, 앞서 이미 논한 바 있는 '자기 나름의 생각'을 아이 각자로 하여금 갖도록 하는 일이 그 어떤 일보다 먼저 선행되어야 할 일이라고 생각합니다. 전원으로 하여금 움직이도록 하기 위해서는 생각을 근본부터 바꿔, 아이 각자가 당면한 문제에 대해 자기 나름의 생각을 마련하여, 요점만 간추려 짧게 기록하도록 합니다. 이때 생각하는 시간을 예컨대 30초, 1분 등 필요에 따라 제한하여 주고, 이 시간 내에 이것을 기록할 때는 요점만 간추려 짧게 쓰도록 글자 수를 5자 또는 10자 등으로 필요 최소한으로 제한하여 줍니다.

　아이 각자의 자기 나름의 생각을 정답이라는 관점에서 보면 정답, 오답, 황당무계한 진답(珍答), 기답(奇答) 등 말 그대로 다양한 생각일 것입니다. 이렇게 문자 그대로의 각자의 생각이 마련된 걸 기록하도록 합니다. 보통의 아이라면 몇 번은 시행착오가 있겠지만, 이어서 어렵지 않게 쓸 수 있는 것이 보통입니다.

　이렇게 다양한 생각이 나오면 이것을 어떻게 다룰 것인지가 문제인데, 이 부분에 대해서는 앞서 '전원이 동시에 발표해야 한다'에서 상세히 설명하였으므로 여기에서는 더 언급하지 않겠습니다.

어쨌든 아이들이 위와 같이 자기 나름의 생각을 마련하여, 그것을 노트에 기록하게 되면 이들은 '정답주의의 포로'로부터 해방된 것입니다.

3. '발문 – 거수 – 지명 – 발표형' 시스템을 버려야 한다

아이들을 '정답주의의 포로'로 만든 주요 요인의 하나는 바로 '발문 – 거수 – 지명 – 발표형'의 정답주의 시스템입니다. 이것을 당장 버리는 것만이 교사와 아이들을 '정답주의의 포로'로부터 해방시킬 수 있는 유일한 길일 것입니다.

09

유창한 음독이 바꾸는 교실

해결해야 할 수업의 문제점
– 음독 지도가 소홀하다

음독력은 모든 교과 학습의 기초 중의 기초입니다. 그러므로 음독 지도는 의도적이고 지속적으로 이루어져야 함에도 불구하고 교육 현장에서는 음독 지도가 의외로 소홀히 취급되는 것이 현실입니다. 그래서 아이들의 음독력이 낮고, 그로 인하여 학습을 제대로 하지 못하고 있는 아이들이 적지 않게 존재합니다.

다음은 국어과의 수업 참관 때 흔히 보는 일입니다. 지명받은 아이의 음독을 들어보면, '저렇게 읽어서는 글의 내용을 제대로 알 수가 없겠는데?' 하고 생각되는 아이들이 있습니다. 그리고 대개 음독을 한 후에는 교사가 내용을 파악시키기 위한 목적으로 보이는, 글의 내용에 대한 문답을 합니다. 이때 이 문답에 참가하는 아이(거수하는 아이)는 20~30% 정도인 것이 보통입니다. 앞서 이루어졌던 음독이 유창하지 못했던 아이들은 당연히 거의 모두가 거수하지 않습니다. 글을 읽었으되 그 내용을 읽어내지 못했기 때문입니다. 그런 상황에도 불구하고, 교사는 불특정 다수를 향하여 주인공의 심정을 묻고, 글의 주제를 묻습니다. 결과적으로 음독을 유창하게 할 수 있는 아이들만이 참가하는 수업이 이루어지고, 이로 인해 학급은 A·B양군으로 분열됩니다.

이는 국어과 수업의 한 장면이었지만 낮은 음독력으로 인한 학습부진은 국어과에 한하지 않습니다.

음독에 대한 잘못된 인식

1학년 때에는 음독 지도가 열심히 이루어지지만, 음독을 어느 정도 할 수 있게 되면 묵독 지도로 바뀌게 되어 자연히 음독 지도는 소홀히 하는 것이 일반적인 현실입니다. 이는 음독을 묵독을 하기 위한 수단으로 생각하고 있기 때문일 것입니다. 수단적 가치는 일단 그 목적을 달성하면 버려지는 것이 운명입니다.

그런데 유의할 점은, 모든 아이들이 예외 없이 표준적 수준의 유창한 음독이 가능하다 할지라도 음독 지도의 필요성은 여전히 절실하다는 겁니다. 음독 그 자체로서의 독자적인 의의 때문입니다. 이에 관해서는 뒤에서 논하기로 하겠습니다.

이제 음독의 중요성에 대한 인식을 제대로 못하고 있는 예를 하나 살펴보기로 하겠습니다.

'학습부진아의 구제 방안'을 주제로 연구를 추진하는 모 초등학교에서 필자를 불러서 연구 계획을 검토하여 달라고 한 적이 있습니다. 학교 자체적으로 분석해 놓은 실태를 보니 학습부진아가 많음을 알 수 있었습니다.

그런데 그 계획 가운데에 음독 지도에 대해서는 한마디 언급도 없다는 걸 발견했습니다. 아이들이 이른바 학습부진아가 된 요인은 여러 가지가 있겠지만, 결정적인 공통 요인은 일일이 조사해 볼 필요도 없이 음독을 제대로 못한 데에 있습니다. 그럼에도 불구하고 '음독'이라는 말은 그 계획안에 없었습니다.

이것은 하나의 예이지만, 이와 같이 학습 성취와 음독력과의 상관관계에 대한 인식이 제대로 되어 있지 않아 그 지도가 소홀한 안타까운 우리의 현실을 보여준다고 생각합니다.

음독 지도의 필요성

1. 과거의 음독

필자가 초등학교에 다녔던 때는 불행히도 일제강점기였으며 한국어밖에 할 줄 몰랐음에도 불구하고 일본어로 된 교과서를 배워야 했습니다. 다만 필자는 4, 5, 6학년의 3년 동안을 우리나라 선생님 한 분께서 연임해 주셔서 인생의 기초 학습을 충실하게 다질 수 있었습니다.

이때 가졌던 음독 지도와 관련하여 잊을 수 없는 부분이 있습니다. 은사님께서는 국어 공부 시간이면 언제나 반드시 교과서의 글을 낭랑한 목소리로 일제히 음독하도록 강조하였으며, 정한 시간 내에 외워 읽지 못하면 벌을 주시곤 했다는 겁니다. 덕택에 우리는 4, 5, 6학년의 국어 교과서 6권을 모두 외울 수 있었습니다.

물론 체벌을 가하며 외우게 하자는 말을 하려는 것이 아닙니다. 음독의 중요성을 말하고자 할 뿐입니다. 필자가 현재까지 아직도 일본어로 말하고, 읽고, 글을 조금 쓸 수 있는 것은 순전히 초등학교 3년 동안의 국어과 교과서 6권을 외운 덕택이라고 생각하고 있습니다. 이는 은사님의 일관된 음독 지도의 덕택이기에 그 은혜는 평생 잊을 수 없으며 감사하고 있습니다. 그분은 그때 이미 음독 지도의 필요성을 숙지하고 계셨던 것 같습니다.

필자의 초등학교 시절만 해도, 석양에 골목길을 걸어가면 이 집, 저 집에서 낭랑한 목소리로 책 읽는 소리가 울타리 너머로 들려오곤 하였습니다. 옛 어른들의 가르침에는 '되는 집은 삼성(세 가지 소리)이 울을 넘는다'라는 말이 전해 오고 있습니다. 책 읽는 소리, 아기 우는 소리, 베 짜는 소리의 삼성이 그것입니다. 그러나 이제는 세상이 변하여 이젠 골목길을 걸으면서 들을 수 있는 소리는 TV의 소음뿐입니다.

2. 모든 교과 학습의 기초로서의 음독

모든 교과학습은 글을 읽는 활동을 기초로 하고 있습니다. 다시 말하면, 글 속에 모든 것이 있으니 무엇보다도 글을 읽고, 그 내용을 충분히 이해할 수 있지 않으면 안 됩니다.

그러기 위해서는 그 어떤 힘보다 으뜸으로 음독하는 힘을 충실하게 기르지 않으면 안 됩니다. 음독력이야말로 기초 중의 기초이기 때문입니다.

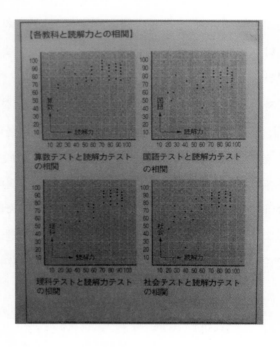

여기에서 참고로 '각 교과의 성적과 독해력과의 상관관계'를 일본의 자료로서 살펴보겠습니다.* 이 자료는 '각 교과와

※　久保 齋(2006). 子どもを伸ばす一齊授業. 小學館, 55p.

독해력과의 상관'을 나타내고 있습니다.

자료 위쪽의 좌측 그림은 수학과, 우측 아래 그림은 사회과의 테스트 점수와 독해력 충실도와의 상관관계를 나타내고 있는 자료입니다. 독해력 점수가 70점 이상의 18명(60%)은 어느 교과에서도 안정적으로 70점 이상의 성적을 올리고 있지만 독해력이 낮은 70점 미만의 아이들(40%)은 4개 교과 모두의 성적이 20~60점에 분포하고 있습니다. 우리가 수업이라는 사실 속에서 임상적으로 알고 있는 결과와 거의 완전히 일치한 결과를 볼 수 있습니다. 음독력이 낮으면, 글의 내용을 이해하는 능력이 낮으며, 그로 인하여 각 교과의 학력도 낮아지는 상관관계가 있는 것입니다.

3. 음독에 대한 뇌과학의 견해

음독과 뇌 활동과의 관계에 대하여, 뇌과학자들은 매우 의미 있는 연구 결과를 제시하고 있습니다.

가와시마 류타 박사*는 그의 저서에서 다음과 같이 말하고

---

* 가와시마 류타, 가와시마 히데코 지음/안수경 옮김(2007). 총명한 두뇌를 가진 아이 평범한 두뇌를 가진 아이. 사과나무.

있습니다.

'대뇌의 70% 이상의 신경세포가 이렇게 활발하게 일하고 있다. 필자는 지금까지 수백 번의 실험을 하여, 뇌의 활동을 보아 왔지만, 음독만큼 뇌를 활성화시키는 상태를 볼 수가 없었다.'

그는 또 '뇌를 쓰기 전에 준비 운동으로 2~3분의 음독이나 단순한 계산으로 뇌를 활성화시킨다'라고도 말하고 있습니다.

사이토 다카시 박사[*]도 그의 저서에서 '음독을 하면 묵독하는 것보다 머리가 좋아진다. 더 정확하게 말하면, 음독을 하면 뇌의 전두엽이라는 부분에 혈액 흐름이 좋아져 뇌가 활발하게 일을 하게 된다. 이 사실은 뇌를 연구하고 있는 전문가들이 실제로 조사한 결과 알게 된 것이다'라고 말하고 있습니다.

그뿐만 아니라 데라자와 고지 박사[**]도 그의 저서에서 '음독을 하면 뇌를 활성화 시킨다. 책을 소리를 내서 읽으면, 눈

[*]　齊藤 孝, 學がもっと樂しくなる, 44p.
[**]　寺澤宏次(2007), 腦のしくみガわかる本, 成美堂出版, 138p.

으로 글을 읽는 묵독보다 전두엽을 더 잘 사용하게 된다'는 실험 결과를 밝히고 있습니다. 그러므로 음독은 초·중·고· 대학교에서뿐만 아니라, 대학원에서도 지도되어야 한다고 이치게 가쓰오 교수는 말합니다. 우리가 어떻게 해서든지, 다른 어떤 일보다 먼저, 유창한 음독력을 되도록 빨리 길러야 한다고 말할 수 있는 이유가 여기에 있습니다.

음독력은 전원에게 필요한 것이지만, 특히 이른바 B군(학습부진아) 아이들에게 필요한 능력입니다. B군 아이들의 대부분은 음독력이 부실하기 때문입니다.

음독 지도의 기술

1. 국어과 수업의 도입과 종결

국어과 수업은 어느 학년을 막론하고, 음독으로 시작하여 음독으로 끝내도록 하는 게 좋습니다. 이것은 음독부진아의 연습만을 위해서 그러는 것은 아닙니다. 음독은 국어과 학습의 기초 중의 기초이며, 아이 각자의 학력을 결정하는 첫 단추고, 아이들을 A·B양군으로 나누는 분수령과 같은 구실을 하기 때문에 때를 가리지 않고 되풀이해서 지도해야 하기 때문입니다.

2. 표준적인 범독과 따라 읽기

다른 경우도 그렇지만, 음독도 교사가 표준적으로 시범함으로써 아이 전원으로 하여금 그대로 따라 읽도록 하는 지도가 바람직합니다.

설명문도 그렇지만 특히 문학적 교재는 교재의 내용을 제대로 알고 있는 교사가 말의 아름다움과 표현의 아름다움을 그 맛이 나도록, 음독을 시범하여 그대로 똑같이 따라 읽도록 지도하는 게 좋습니다. 이때 교사의 시범이 표준적으로 이루어지게 하려면, 교사는 수업을 준비하는 단계에서 스스로 다음 사항에 유의하여 음독 연습을 충분히 해야 합니다.

① 등뼈를 반듯이 함으로써 자세를 바르게 하여 읽습니다.
② 충분히 호흡하여, 가슴을 펴고, 입을 크게 벌려 읽습니다.

제대로 음독하는 일과 호흡을 바르게 하는 일은 밀접한 관계가 있으므로 숨쉬기의 지도는 특히 정확한 시범과 세심한 지도가 필요합니다.

일단 숨을 들이쉬며 "나는 건강합니다"라고 말하게 합니다.

그렇게 하면 당연히 누구도 제대로 말할 수 없음을 경험하게 됩니다.

소리는 숨을 내 쉴 때만 나오므로, 숨을 충분히 들이쉬도록 지도합니다.

③ 발음을 정확하게 하고, 알맞은 성량으로 읽습니다.

④ 알맞은 속도(1분 동안 저학년은 200자, 중학년은 250자, 고학년은 300자 정도)로 읽습니다.

⑤ 지문과 대화문을 구별하여 읽으며, 대화문은 지문보다 조금 크게 읽습니다.

⑥ 대화문은 말하는 이의 심정이 표현되도록 읽습니다.

위와 같이 범독을 정확하게 시범하되, 범독을 단순히 따라 읽게 할 것이 아니라 범독 전에 아이들이 교사 시범의 포인트를 보거나 듣게 하여, 그대로 따라 음독하도록 지도합니다.

⑦ 범독 따라 읽기를 하면 그때마다 반드시 평가해줘야 합니다. 제대로 따라 읽었으면 크게 칭찬해 주고, 제대로 하지 못했을 때는 제대로 될 때까지 되풀이하여 지도해야 합니다.

칭찬할 때나 되풀이하게 할 때나 무엇을 어떻게 잘하였는지 또는 제대로 못 하였는지를 구체적으로 지적해 주어야 합니다.

위의 사항들을 지도할 때, 일반적으로 유의해야 할 점은 한 번에 여러 가지를 동시에 가르치는 일이 없도록 해야 한다는 겁니다. 원칙적으로 한 번에 한 가지씩 시범하고, 그것을 제대로 할 수 있을 때, 다음 사항을 시범 지도하며 나아가도록 합니다. 동시에 두세 가지를 지도하면 보통의 아이들은 그 모두를 동시에 제대로 배우기 어렵기 때문입니다.

3. 지명 받은 아이가 음독할 때, 다른 아이들이 해야 할 일

어떤 경우에도 음독하지 않고 듣는 아이들은 그저 듣기만 하게 방치해서는 안 됩니다. 그 아이들에게는 사전에 평가 관점을 줘서 음독하는 아이와 눈으로 함께 읽어 나가면서, 평가자가 되어 평가하도록 합니다.

예컨대 제대로 잘 읽은 대목을 찾아 ○표를 하게 한다든지 제대로 읽지 못한 대목을 찾아 ✕표 하도록 하는 등 과제를 주어 그에 의하여 평가하면서 듣도록 합니다. 관점을 주어 평가하도록 함으로써, 아이 전원을 학습의 당사자로 변하도록 할 수 있기 때문입니다.

4. 음독 횟수 표시법

음독은 다다익선이지만, 아이에 따라서는 여러 번 되풀이하여 읽기를 싫어하는 아이도 있습니다. 이들에 대한 지도기술은 '음독 횟수 표시법'이 있습니다.

수업 중에서도 물론이지만, 특히 가정에서 음독을 되풀이하게 함에 있어 '음독 횟수 표시법'은 효과적입니다.

[그림 1]

음독하려는 글의 제목 오른편에 [그림 1]과 같이 작은 동그라미를 10개 그리게 하여, 한 번 읽을 때마다 하나씩 까맣게 칠해 나가도록 합니다. 이렇게 하면 자신의 학습량을 자신의 눈으로 볼 수 있어, 작은 성취의 기쁨을 만끽하게 되는 효과가 있습니다. 특히 음독은 다른 어떤 일보다 뇌의 신경세포를 활성화시킨다는 사실을 지도 받은 아이가 주어진 목표인 10회 음독을 초과 달성하는 사례를 필자는 많이 연락 받고 있습니다. 음독은 거듭할수록 글의 내용 파악을 제대로 할 수 있을 뿐 아니라, 한 번 읽을 때마다 그만큼 머리가 슬기로워진다는 사실이 아이들의 음독 의욕을 내발하게 하는 것입니다.

5. 변화를 주어 연습하기

사람은 누구나 똑같은 일을 여러 번 되풀이하는 일을 싫어하는 본성을 가지고 있습니다. 따라서 여러 번 되풀이해야 하는 일은 변화를 주면서 되풀이해야 합니다.

예컨대 전원으로 하여금 일제 음독을 하게 할 때, 전원을 일어서게 하여, 전면을 보고 1회, 운동장 쪽으로 방향을 바꿔 1회, 교실 후면을 향하여 1회, 복도 쪽으로 방향을 바꿔서 1회, 정면을 향하여 1회, 앉아서 1회 음독하는 요령으로 변화를 주면서 되풀이하여 음독하게 합니다.

'변화 있는 되풀이' 기법으로 음독하게 하는 기술에 '문장

별로 이어 읽기', 곧 '릴레이 읽기'가 있습니다. 온점(.)이 있는 데까지를 문장이라고 합니다. 한 아이가 한 문장을 음독하면, 다음 아이가 뒤이어 한 문장을 읽게 합니다. 그리고 좌석 줄별로 일어서게 하여 앞에서부터 차례로 1인 1문장씩 릴레이 읽기를 합니다. 이런 과정에서 교사는 제대로 읽지 못한 부분을 지적하여, 표준적으로 시범하고, 전원으로 하여금 시범한 대로 따라 음독하게 합니다.

6. 짝꿍끼리 음독자와 평가자의 역할을 바꾸어 연습하기

이것은 국어 교과서의 본문 중의 한 문단을 선정하여, 짝꿍끼리 음독 연습을 하도록 하는 방법입니다.

짝꿍인 ㉮, ㉯의 두 아이끼리, 다음과 같은 요령으로 음독 연습을 합니다.

① 먼저 짝꿍끼리 국어 교과서를 교환합니다.

② ㉮가 지정된 문단의 글을 음독하고, ㉯는 그것을 눈으로 따라 읽으면서 상대가 잘못 읽은 곳을 밑줄 칩니다.

③ ㉮의 음독이 끝나면 역할을 교대하여, ㉯가 음독하고 ㉮는 상대가 잘못 읽은 곳을 밑줄 칩니다.

④ ㉯의 음독이 끝나면 교과서를 바꾸어, 그러니까 각자의 교과서를 돌려받아 밑줄 쳐진 곳을 바르게 읽는 연습을 주어진 시간 동안 합니다.

⑤ 연습이 끝나면 다시 교과서를 바꾸어, 역할을 바꾸어 가며 아까와 같은 활동을 합니다. 이때 평가자는 전에 밑줄 쳐진 곳을 제대로 읽으면 밑줄 위에 동그라미를 그려주고, 그곳을 다시 잘못 읽으면 밑줄을 하나 더 쳐 줍니다.

⑥ 이것을 마치면, 조금 전과 같이 각자의 교과서를 돌려받아, 밑줄 쳐진 곳에 유의하여 음독 연습을 합니다.

7. 알맞은 속도로 읽는 연습하기

알맞은 속도(1분 동안 저학년 : 200~250자, 중학년 : 250~300자, 고학년 : 300~350자)로 음독하는 연습을 하는 방법입니다.

본시에 학습할 글을 알맞은 속도로 1분간 읽었을 때, 어디까지인가를 알려주고 표시하게 합니다. 이 범위를 1분 동안 음독 목표로 주고, 교사가 시범하여 일제히 따라 음독하게 합니다.

이어서 전원을 기립시켜 일제히 당해 범위를 1분 동안 연습한 대로 음독하도록 지시합니다.

1분이 지나면 경과 신호와 함께 읽은 곳까지 표하게 합니다.

이런 방법으로 국어과 수업의 첫머리를 비롯하여, 기회를 마련하여 알맞은 속도로 음독하는 연습을 부단히 했으면 합니다.

8. 모둠 간에 많이 읽기 시합하기

주지하는 바와 같이 아이들은 시합하기를 좋아하는 본성을 가지고 있습니다. 시합을 통해 음독 연습을 재미있게 하도록 하는 방법을 하나 소개하겠습니다.

먼저 현재 학습 중인 국어 교과서의 글 중에서 지정한 곳을 제한된 시간 동안 음독 연습하도록 지시합니다.

연습을 마치면 각 모둠의 예컨대 ③번 아이를 지명하여, 연습한 곳을 음독하게 합니다.

그러니까 ③번 아이가 각 모둠의 대표가 되어 모둠 대항 음독 시합을 하는 것입니다.

이때 다른 아이들은 함께 따라 묵독하면서, 잘못 읽는가를 살핍니다. 잘못 읽으면 곧바로 '오독' 하고 말하며, 잘못 읽는 곳에 ∨표를 합니다.

　오독하면 음독권을 잃으며, 다음 모둠 ③번 아이가 음독권을 얻게 되며 처음부터 음독하기 시작합니다.

　이런 요령으로 각 모둠의 ③번 아이의 음독이 끝나면, 많이 음독한 차례에 따라 등수를 매깁니다.

　각 모둠의 다른 번호 아이들도, 이와 같은 요령으로 모둠 간의 음독 시합을 시켜, 모둠별 총득점을 산출하여 차례를 매깁니다.

　이 소집단 간의 시합은 전원이 참가하며, 각자가 소속 모둠의 득점에 책임감을 가지고 음독하고, 각자가 최선의 음독을 하려는 노력을 다하게 되는 장점이 있습니다.

9. 음독부진아에 대한 개별지도 방법

　학습을 제대로 하지 못하고 있는 B군 아이들은 거의 전원이 음독력이 부실합니다.

　다시 말하면 음독력이 부실하기 때문에 B군이 된 것입니다. 따라서 이들의 학습을 정상화시키기 위해서는 음독을 유창하게 할 수 있도록 지도하는 것이 선결 조건이 됩니다. 이들에 대한 음독 지도의 하나로 '음독을 통한 작은 성취감 쌓아 올리기'가 있습니다.

우선 다음 날에 학습할 국어 교과서의 글 중에서 대상 아이의 음독 수준에 적합한 문장 하나를 선정하여 유창하게 읽을 수 있도록 개별지도하고 충분히 연습시킵니다.

다음 날, '릴레이 음독' 때 전날에 연습한 그곳을 그 아이가 읽을 수 있도록 차례를 조절하여 음독할 수 있도록 합니다. 그렇게 하면 학급 아이들은 평소와는 다른 유창한 음독을 듣고, 누구의 지시가 없는데도 손뼉을 치는 것이 보통입니다. 그에 더하여 교사가 아이의 유창한 음독을 칭찬해 줌으로써 아이로 하여금 작은 성취의 기쁨을 만끽하게 해줍니다.

식물이 태양을 향해 자라나듯이, 인간은 기쁨이 있는 쪽을 향해 행동하는 본성을 가지고 있습니다. 이처럼 작은 성취의 기쁨을 준비하여 쌓아 올리는 일은 이른바 B군 아이들이 학습부진아의 멍에를 벗는 가장 효과적인 방법의 하나라고 생각합니다.

10. 음독 속도의 자기 진단법

자신의 음독 속도를 자신이 진단하는 방법입니다.

음독 속도를 자기 진단함을 예고하고, 교사가 현재 학습

중인 국어 교과서의 글 중에서 일정 범위를 '범독→따라 음독하기'로 되풀이하여 연습합니다.

그런 후에 일제히 일어서게 하여, 연습한 글을 연습한 대로 1분간 음독하게 합니다.

1분이 지나면 신호하고 그만 읽게 하여, 멈춘 곳에 다 ∨표를 하게 합니다. 이 결과가 곧 각자의 음독 속도(분속)가 됩니다.

위와 같은 요령으로 음독 속도의 자기 진단 기회를 마련하여 진단하고, 그 결과를 누적 기록해 나가도록 합니다.

학년 별 도달 목표

학년	분속
저학년	200~250자
중학년	250~300자
고학년	300~350자

[표 1] 학년별 알맞은 음독 속도

각 학년의 읽기 교과서의 현재 학습 중인 글은 [표 1]과 같은 속도로 유창하게 읽음을 목표로 합니다. 유창하게 읽는다 함은 다음과 같이 읽음을 말합니다.

① 더듬지 않고 읽는다.

② 읽은 곳을 되풀이하여 읽지 않는다.

③ 있는 글자를 빼고 읽은 일이 없다.

④ 반점(,)에서 온점(.)까지의 사이가 길 때는 알맞게 끊어 읽는다.

⑤ 온점(.)에서는 반드시 숨을 쉬며, 반점(,)보다 더 길게 쉰다.

⑥ 대화문은 당해 인물의 심정이 표현되도록 읽는다.

⑦ '!', '?' 등의 기호는 알맞은 억양으로 읽는다.

이상은 각 학년에서 지도해야 하지만 특히 저학년에서 표준적으로, 철저히 지도해야 합니다.

음독력의 검정

1. 음독력 검정의 의의

음독력 검정이란 연습함에 따라 음독력이 점차 향상되는데, 그 정도를 객관적인 척도에 의해 평가하는 일을 말합니다.

아이가 어떤 목표를 달성하기 위해서 땀 흘려 노력하는 건 조금씩이나마 노력한 보람을 거두고 있음을 권위(교사)로부터 인정받고, 스스로도 인정할 수 있을 때입니다. 예컨대 아이들이 힘든 피아노 수련, 태권도 수련을 계속하는 것은, 노력한 끝에 그 기능이 향상되었음을 권위로부터 인정받을 때의 기쁨 때문입니다. 그 기쁨은 그동안의 고뇌를 상쇄하고도 남음이 있어, 그것을 다시 더 얻고자 고된 노력을 계속하는 것입니다.

음독력을 향상시키기 위해서도 적지 않은 땀을 흘려야만 합니다. 그를 위해 마련한 장치가 '음독력 검정'입니다.

2. 음독력 검정 방법

(1) 검정 척도표

다음과 같은 척도표에 의하여 음독력을 검정합니다.

개인별 음독력 검정 척도표

( )학년 ( )반 (   )

척도 단계 번호 성명	한 자 한 자 주워 읽는다.		더듬 더듬 읽는다.		가끔 더듬어 읽는다.		표준 속도로 읽으나 유창성이 부족하다.		표준 속도로 유창하게 읽는다.	
	1	2	3	4	5	6	7	8	9	10
1										
2										

(2) 검정 도구

검정 시에 쓰이는 도구는 해당 학년의 국어 교과서의 글 중에서, 다음 기준에 의해 발췌합니다.

　· 1~2단계 · · · · · · 2~3줄

　· 3~4단계 · · · · · · 5~6줄

　· 5~6단계 · · · · 반 페이지

　· 7~10단계 · · · · 한 페이지

1~2단계에서는 쉽게 통과할 수 있는 수준의 글로 선정하

여, 성취 기쁨을 자주 만끽할 수 있도록 합니다.

3~4단계에서는 1~2단계의 2배 정도의 양으로 하여, 향상되었음을 실감 나게 합니다. 역시 향상되는 기쁨을 만끽하도록 글의 선정에 유의해야 합니다.

5~6단계에서는 해당 학년 읽기 교과서의 글, 반 페이지를 도구로 하고, 승진이 다소 어려워지도록 합니다.

7~10단계에서는 해당 학년의 읽기 교과서의 글, 한 페이지를 도구로 하고, 단계가 높아질수록 통과가 힘들도록 합니다.

10단계는 해당 학년의 음독 목표에 도달한 수준임은 말할 것도 없습니다.

10
언어능력은 학력의 모체

해결해야 할 수업의 문제점
– 소홀히 이뤄지는 어휘 지도

수업을 연구하고 있는 관계로 수업을 할 때마다 느끼는 것
은, 지역 간에 아이의 언어 능력에 차가 크며 한 학급 내의
아이들 간에도 언어 능력의 개인차가 크다는 것입니다. 언
어능력이란 어휘를 얼마나 알고 있으며 얼마나 자유롭게 구
사하고 있는가를 가늠하는 능력입니다. 흔히 언어능력은 '학
력의 모체'라고도 합니다. 그리고 수업을 연구하는 입장에서
언어능력이 진정 학력의 모체임을 절감합니다.

그럼에도 불구하고 수업을 참관하면서 항상 어휘 지도를
소홀히 하고 있다는 걸 느끼게 됩니다. 소홀히 하고 있는 정

도가 아니라, 거의 지도하지 않는 수업이 대부분이라고 말하는 편이 정확할는지도 모르겠습니다.

수업은 매시간 새로운 내용을 다루며, 새로운 내용은 새로운 어휘를 도구로 구사함으로써 가르치고 학습하게 됩니다. 이때 이 어휘의 학습이 충분히 되지 않으면 불완전하게 학습하거나, 실패하기 마련입니다. 그래서 연구수업에서 배부되는 지도안을 받으면 필자가 가장 먼저 보는 항목은 목표입니다. 그런데 목표를 볼 때마다 '어째서 어휘 지도에 대한 내용은 없을까?' 하는 물음을 갖게 됩니다.

목표에 없으면 교사의 마음속에 기록되어 있지 않은 겁니다. 어휘 지도가 이루어지지 않은 채 새로 나온 어휘가 그대로 사용됨으로 인하여, 언어 능력이 좋은 일부의 아이를 제외한 다수의 아이에게는 새로 나온 어휘와 관계되는 내용의 학습이 제대로 이루어지지 않게 될 수밖에 없습니다. 그래서 열심히 애써 수업했음에도 불구하고 본의와 달리 학급은 A·B양군으로 분열되고 맙니다.

어휘 지도가 초미의 과제인 까닭

아이는 수업 속에서 부단히 사고하지 않으면 안 됩니다. 그 사고의 도구가 다름 아닌 언어입니다. '인간은 언어로 사고하는 동물이다'라는 미국의 과학자 존슨 오코너 박사의 유명한 말이 있습니다. 따라서 어휘 학습을 제때에 하지 않으면 언어의 결손이 누적됨으로써, 학습과 사고의 가장 중요한 도구의 하나인 언어능력을 발달시키지 못하게 됩니다.

무엇이든 그러하듯이 언어능력도 제때에 길러지지 않으면 안 됩니다. 발달과업이라는 말처럼 각 학년 단계에서 반드시 습득되어야 할 어휘가 있습니다. 이것을 해당 학년에서 습득하지 못하면 다음 학년에서 착실하게 결손 어휘에 대한 보충지도가 이루어지지 않는 한, 학습을 불완전하게 하거나 실패할 수밖에 없을 것입니다.

언어는 학습 수단의 대부분을 이룹니다. 가령 '공해'로 인하여 야기되는 문제를 학습할 때 '공해'라는 어휘를 사용하지 않으면서 가르치고 배우기는 어렵습니다. 최적의 어휘를 구사하지 않고서는 학습도, 사고도 하기 어렵기 때문입니다. 그러므로 누가 뭐라고 해도 지적 능력의 중핵은 어휘를 알고 구사하는 능력, 곧 언어능력입니다.

그럼에도 불구하고, 어휘 지도가 소홀히 되고 있는 오늘날의 현실이 있습니다.

언어능력 신장 방안

1. 어휘학습의 취지 설명

무엇보다도 아이 각자에게 하나의 어휘라도 더 알아야겠다는 필요성을 인식시켜, 되도록 많은 어휘를 갖고자 하는 의욕이 내발되도록 꾀해야 합니다. 그러기 위해서는 언어력으로 본 인간과 동물의 차이, 학력과 언어능력과의 관계를 이해시키는 등의 방법으로 어휘학습의 취지를 설명해 줄 필요가 있습니다. 필요성을 절감하였을 때 그것을 얻고자 노력하는 것이 사람의 본성이기 때문입니다.

아이들을 능동적으로 움직이게 하는 수업 법칙의 하나로 '취지 설명의 법칙'이 있습니다. 취지 설명을 듣는 경우와 그것을 듣지 않는 경우 아이들의 행동 과정이나 결과에 큰 차이가 있기 마련입니다.

2. '어휘저축통장'의 활용

사람은 누구나 저금통장을 마련하면 비록 적은 돈이라도 저금하게 되고, 저금액이 조금씩 불어나는 기쁨을 실감하게 되면 돈이 생길 때마다 저금하게 되는 것이 보통입니다. 이러한 인간 본성을 살려 어휘력을 향상시키는 방안으로 '어휘저축통장'을 활용하는 방법을 소개하겠습니다.

이 방법은 제가 모처의 섬 학교에서 3년 동안 실시한 바 있으며 섬 아이들의 어휘 지실도(語彙 知悉度)를 거의 도시 학교 아이들과 같은 수준으로 향상시킨 바 있는, 자신 있게 제안할 수 있는 회심의 방법입니다.

우선 보통의 노트 한 권을 준비하여 그 표지에 '어휘저축통장'이라고 이름을 붙입니다.

노트에는 다음 [그림 1]과 같은 항목들을 마련합니다.

일련 번호 (알게된 어휘 수)	새로 만난 말	뜻	비슷한 말	반대말

[그림 1]

보시면 알겠지만, 이것은 말 그대로 어휘를 저축하는 통장입니다. 학교의 학습 과정에서 새로 만난 어휘, 독서에서 새로 만난 어휘, 기타 기회에서 새로 만난 어휘를 교과 간의 구획 없이 새로 만난 순서대로 적는 것입니다.

여기에서 유의할 일은 '새로 만난 어휘'란 학습과 사고의 도구가 되는 이른바 전이가 높은 말, 곧 추상어나 개념어 등을 말합니다.

교사는 새로 만난 어휘를 다음과 같은 방법으로 지도합니다.

[그림 2] 교사용 어휘저축통장

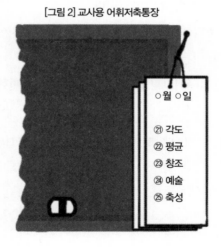

우선 "이 말은 새로 만난 어휘이니 통장에 저축하자"라고 지시하여 아이로 하여금 어휘저축통장에 기록하게 하고, 교사도 '교사용 어휘저축통장'에 저축합니다.

교사용 어휘저축통장은 모조지 전지를 세로로 이등분하여 여러 장을 [그림 2]와 같이 매어, 칠판 한쪽 끝에 걸어놓고 '새로 만난 어휘'를 매직펜으로 차례로 기록해 내려갑니다. 번호는 일련번호를 적음으로써 현재까지 몇 개의 어휘를 알게 되었는가를 알도록 합니다.

일단 어휘저축통장에 저축된 어휘는 그 어휘와 뜻을 외우도록 약속하고, 약속을 철저히 이행하도록 해야 합니다. 구체적으로 말하자면 당일 저축한 어휘는 그 뜻과 함께 외워야만 하교할 수 있도록 약속하고, 외웠는가의 여부를 아래의 요령으로 확인합니다.

① 하교 직전에 확인한다.

② 모둠(4명) 단위로 실시한다.

③ 각자가 자신의 어휘저축통장을 내놓고, 당일 저축한 어휘를 외웠는가를 확인하기에 앞서 다시 외운다.

④ 교사의 신호에 당번을 제외한 전원은 어휘저축통장을 덮는다.

⑤ 당일의 당번 아이가 자신의 어휘저축통장을 보고 차례로 하나씩 어휘를 말하고, 다른 세 아이는 그 뜻을 알 경우 손 신호를 하며, 지명 받아 차례로 그 뜻을 말한다. 이때 혹시 손 신호를 못 한 아이는 다른 친구들의 발표를 귀담아듣고 있다가 그대로 말하면 통과된다. 당번은 세 사람의 확인을 끝내고 이어서 세 사람으로부터 확인을 받는다.

⑥ 위와 같은 요령으로 당일 '새로 만난 어휘'를 외웠음을 확인하였으면 이를 담임교사에게 보고하고 모둠별로 4명이 함께 하교한다.

⑦ 이렇게 어휘를 습득하게 하는 한편, 교사는 한 주간의 어휘습득상황을 평가하여, 개인별 성취상황을 파악한다.

어휘저축통장을 보면, 오늘 현재 몇 개의 어휘를 새로 알았는가를 알 수 있으므로, 각자의 성장을 수량적으로 파악할 수 있어, 어휘 부자가 되어가는 성취의 기쁨을 만끽할 수 있게 됩니다.

조금이라도 더 슬기로워지려는 본성을 가진 아이들인지라, 새로운 어휘 하나를 알고 그것을 통장에 저축할 때마다 자신이 그만큼 슬기로워짐을 기쁘게 여기며, 더 슬기로워지려는 의욕을 내발하게 될 것입니다.

3. 비슷한 말, 반대말을 가르치고, 응용의 예를 들어준다

어휘를 아는 일이야말로 다다익선입니다. 새로 만난 어휘를 지도할 때는 사전과 같이 뜻을 강조하기 위해 앞에 한 말을 다시 적절한 다른 말로 바꾸어 표현하는 환언법으로 지도하면서 그 예를 들어주면 그 뜻을 더 널리, 깊이 이해할 수 있을 것입니다.

그리고 어휘 하나만의 지도에 그치지 않고, 그 어휘와 비슷한 말, 반대말을 아울러 지도하게 되면 그 어휘의 뜻을 더 넓고 깊게 이해할 뿐만 아니라 어휘 확충에 일거양득의 효과를 얻게 될 것입니다.

4. 어휘 놀이

위와 같이 저축된 어휘는 다음과 같은 요령으로 놀이를 통해 되풀이하여 외우게 함으로써 아이들 모두를 어휘 부자가 되도록 할 수 있습니다.

① '새로 만난 어휘'를 일정한 크기의 카드에 써서 '어휘 카드'를 만든다.

② 20장을 한 벌로 한다.

③ 어휘 카드 한 벌을 학급 인원의 절반 수만큼 복사하여 만든다. 예컨대 30명 학급이면 15벌을 만든다. 한 짝꿍 앞에 한 벌씩 가지고 놀이할 수 있도록 하기 위해서이다.

④ 짝꿍마다 한 벌의 카드를 배부한다(그러니까 내용이 똑같은 20장씩의 어휘 카드가 매 짝꿍에게 배부된다).

⑤ 배부된 20장의 어휘카드를 책상 위에 깔고 각자 어떤 어휘가 어디에 있는가를 확인한다.

⑥ 교사가 그중 어떤 어휘 하나의 뜻을 말한다.

⑦ 해당하는 어휘카드를 발견하고 가져간 아이가 카드를 차지하게 된다. 이때 거의 동시에 집었을 경우에는 가위바위보로 결정한다.

⑧ 이런 요령으로 차지한 카드가 많은 아이가 승자가 된다.

이상과 같은 요령으로 여유시간을 이용하여 수시로 놀이를 함으로써, 모든 아이가 재미있는 놀이를 하는 가운데 어휘와 그 뜻의 외우기 복습을 되풀이하게 되어 쉽게 '어휘 부자'가 될 수 있습니다.

5. 사전을 활용한다

어휘력을 기르는 방법으로 빠질 수 없는 것이 사전(辭典)을 활용하는 것입니다. 그 중요성에 비추어 사전의 활용은 의외로 경시되고 있는 것이 현실입니다. 최근에는 내용이 매우 훌륭한 어린이용 국어사전이 출판되어 있어, 아이들이 활용할 경우 어휘력을 크게 향상시킬 수 있을 것입니다.

사전을 사용할 때면 단지 그 뜻을 찾는 일만으로 그치는 경우가 많은데, 요즘 시중 서점에서 판매되는 어린이용 국어사전에는 의미를 해석해놓은 데 그치지 않고, 그 단어에 대하여 아이들이 이해하기 쉽도록 사용 예가 나와 있습니다. 그래서 그 부분을 아울러 읽으면 말의 뜻과 함께 자연스럽게 그 말의 사용법과 표현방법까지를 아울러 알 수 있게 됩니다. 적어도 3학년 이상에서는 모든 아이가 어린이용 국어사전을 한 권씩 갖도록 하는 것을 권장하였으면 합니다.

찾은 어휘는 어휘저축통장에 기록하고, 일련번호를 누가기록(累加記錄)함으로써 알고 있는 어휘의 총 수가 몇 개인가를 파악하도록 합니다. 어휘를 하나 알 때마다 그만큼 머리가 슬기로워진다는 것을 알고 있는 아이들은 자신이 알고 있는 어휘의 총 수를 나타내는 일련번호에 큰 관심을 갖게 됩니다.

사전에서 찾아서 그 뜻을 알게 되고 '어휘저축통장'에 올린 어휘는 형광펜으로 사전에 색칠하도록 합니다. 이렇게 사전에 색칠된 어휘가 많아진 것을 볼 때마다, 그래서 사전을 넘길 때 색칠한 어휘 수가 점점 많아지는 것을 보면서 아이는 더없이 만족감을 느낄 뿐만 아니라, 색칠된 어휘 수를 더 많이 하려는 의욕이 샘솟을 것입니다.

6. 쉬운 말로만 가르쳐서는 안 된다

교사들의 수업용어는 일부 아이를 제외한 다수의 아이는 이해하기 어려운 말이 사용되고 있는 것이 일반적인 현상입니다. 추상어나 개념어 등 어려운 말이 습관적으로 사용되고 있기 때문입니다. 따라서 일부의 아이를 제외한 다수의 아이는 이 말을 알아듣지 못하여 결국 학습을 불완전하게 하거나 실패하게 됩니다.

연구수업 후에 이루어지는 협의회에서 이 현상에 대한 논의가 이루어지곤 하는데, 흔히 다음과 같이 의견이 모아지곤 합니다.

"이렇게 습관적으로 어려운 말로 가르치는 것은 아동중심주의가 아닌 교사중심주의의 수업이다. 그러므로 모름지기 쉬운 말로 가르침으로써 교사의 말을 알아듣지 못하여 학습을 제대로 하지 못하는 아이들이 없도록 해야 한다."

위와 같은 내용을 들을 때마다 필자는 다음과 같이 대답하곤 합니다.

"선생님들의 말은 듣기 좋은 말입니다만, 실은 매우 잘못된 아동중심주의 생각입니다. 위의 주장대로 쉬운 말로만 가르칠 경우 수업에서의 학습은 제대로 이루어질지 모르지만, 마땅히 배워야 할 사고하고 표현하는 도구인 어휘인 추상어나 개념어 등을 배우지 못하게 됩니다. 그러므로 쉬운 말로만 수업하는 것이 반드시 좋은 방법이라고 할 수는 없습니다."

쉬운 말로 표현하는 것보다 추상어나 개념어로 표현하는 쪽이 사물의 본질을 바르게 말하고, 제대로 알아들을 수 있으므로 반드시 가르치고 배워야 합니다. 그래서 앞서 제시한 '어휘저축통장'에 저축해야 하는 어휘, 다시 말하면 그 수업 시간의 학습 문제를 해결함에 있어 사용하지 않으면 안 되는 키워드를 미리 선정하여 적절한 시기에 지도해야 합니다.

이때 '가르쳤으니 알았겠지' 하는 생각으로 가르친 어휘를 추가로 지도하지 않고 사용하게 되면 알아듣지 못하거나, 들었으되 일찍 잊어버린 아이들은 결국 B군으로 되어버립니다. 그러므로 어휘와 그 뜻을 동시에 전후하여 말하는 일을 되풀이해야 합니다.

예컨대 '예측'이라는 어휘를 모를 때 본시 학습을 제대로 할 수 없다면, 이 말을 교사와 아이 각자의 어휘저축통장에 올리고 일단 아이들에게 그 뜻을 묻고, 이어서 교사가 그 뜻을 제대로 가르쳐줍니다. 그런 뒤에 이 말을 사용하게 되는데, 이때에 '예측하면, 다시 말하면, 미리 짐작하면'이라고 어휘와 그 뜻을 동시에 말하고, 이어서 다시 말할 때는 아까와는 반대로 '미리 짐작하면, 다시 말하면, 예측하면'과 같이 어휘와 그 뜻풀이를 전후하여 되풀이하여 사용합니다. 이때 한 번의 설명으로 알아듣는 아이가 있는가 하면, 되풀이하여 지도했을 때 비로소 이해하는 아이가 있는 것이 보통의 학급입니다.

지금까지는 위와 같은 '되풀이 지도'가 이루어지지 않음으로 인해 B군이 만들어졌습니다. 어휘와 뜻풀이를 전후하여 말하는 방법으로 되풀이 지도함으로써, 사고의 도구인 전이가 높은 개념어, 추상어 등이 습득되어 B군을 만들어내지 않는 수업이 실현될 수 있을 것입니다.

7. 키워드를 학습지도안의 목표란에 밝혀야 한다

앞서 연구수업 때 배부되는 학습지도안의 목표란에, 본시 학습목표를 달성함에 있어 필수 어휘가 무엇인지를 밝히지 않는 문제점이 있음을 지적한 바 있습니다. 이 현상은 교사가 필수 어휘를 의식하고 있지 않은 것이 아니라 하나의 관습일지도 모르겠지만, 목표로서 밝혀놓지 않으면 그만큼 경시하기 쉬워집니다.

새로 만나는 어휘이기에 그 뜻을 제대로 이해하지 못하면 학습 목표를 제대로 달성할 수 없음에도 불구하고 가볍게 다루어짐으로 인해, 일부의 아이를 제외한 다수의 아이가 학습을 불완전하게 하거나 실패하고 있습니다. 반드시 가르쳐야할 필수 어휘, 곧 키워드는 목표로서 분명하게 밝혀놔야 한다고 봅니다.

11
귀 기울여 들어야 한다

해결해야 할 수업의 문제점
– 경청의 부재

교사는 '잘 들으세요'라는 말을 자주 합니다. 그러나 그런 지시를 잘 듣는 아이는 거의 없습니다. 따라서 이 지시는 말 그대로 대답 없는 메아리가 될 뿐입니다.

귀 기울여 듣는 일은 학습을 제대로 함에 있어, 가장 중요한 학습 행위의 하나입니다. 학교에서 이루어지는 수업의 대부분이 음성 언어를 매개로 하여 이루어지고 있기 때문입니다. 따라서 학습을 제대로 하려면 교사를 비롯한 이웃들이 하는 말을 귀 기울여 잘 들어야 합니다.

현행 수업을 보면 귀 기울여 경청하는 아이군(群)과 그렇지 않는 아이군으로 나누어지는 것이 일반적인 현상입니다. 부연하면 일부의 아이들을 제외한 다수의 아이들은 남의 발표를 그 뜻을 새기며 듣지 않고, 물리적인 소리로만 듣고 있습니다. 이들이 이른바 B군으로 만들어지게 됩니다. 듣기에도 보통의 아이들이 A·B양군으로 분열되는 요인 중 하나가 있습니다. 이 현상은 아이들의 탓은 아니며, 이에 대한 지도가 이루어지지 않음으로 인해 나타난 현상이며, 그것이 계속됨으로써 습관화된 결과입니다.

　사토 마나부 교수*는 '학습을 촉진시키는 커뮤니케이션에서 가장 중요한 일은 마음을 열어 놓고, 타인의 말을 듣는 일이다. 말하기보다 듣는 쪽이 학습에 있어선 결정적이다'라고 말합니다. 그러고 보면, 오늘날 우리 아이들이 '남의 발표를 귀 기울여 듣지 않는' 일반적 현상은 큰 걱정거리가 아닐 수 없습니다. 오늘날 거의 모든 교실의 B군 아이들은 거의 '남의 발표를 귀 기울여' 듣지 않는 단순한 출석자들이며, A군 아이들의 대부분도 발표하려고 하는 자기 생각에 사로잡혀 '남의 발표를 귀 기울여 듣기'를 소홀히 하고 있는 것이 일반적인 현상이기 때문입니다. '학습은 선생님으로부터도 배우

---

* 佐藤 學(2009). 教育改革をデザインする. 岩波書店. 107p.

지만, 그보다 많은 것을 이웃으로부터 배운다'는 이른바 '이
웃과 더불어 학습한다'는 의식이 아이들에게 없다는 것을 알
수 있습니다. 따라서 전원이 참가하고, 사고하며, 성취하는
수업 실현의 소망을 이루기 위하여서는 이를 적극적으로 지
도해야 합니다.

귀 기울여 듣지 않을 수 없도록 하는 장치

'잘 들으세요'라는 지시만으로는 아이들은 결코 잘 듣지 않
습니다. 그러므로 잘 듣게 만들 수 있는 장치를 하지 않으면
안 됩니다.

1. 남의 발표 내용을 각자의 '자기 나름의 생각'을 기준으
로 '같다', '다르다'로 평가하기

앞서 설명한 활동들을 진행하여 아이들 모두가 자기 나름
의 생각을 기록해 놓은 상태에서 하는 활동입니다. 아이들
로 하여금 발표된 내용이 자신의 생각과 비교하여 같거나 유
사하면 '=' 표를, 다를 경우에는 '같지 않다'는 뜻으로 '≠' 표

를 노트에 기록하게끔 합니다. 예컨대 각 모둠의 ②번 아이(모둠원이 4명이라면 좌석 순으로 ①, ②, ③, ④로 매긴 번호임)가 발표자로 지명 받아, 차례로 발표할 경우, 모든 아이들은 다음 [보기 1]과 같이, 발표자의 이름을 기록하고, 그의 발표 내용과 자신의 생각(이미 노트해 놓은 자기 나름의 생각)을 비교하여 '=' 또는 '≠'의 기호로 평가합니다.

[보기 1]
① 철이 · · · =
② 영수 · · · ≠
③ 수영 · · · =
④ 길수 · · · =
⑤ 순이 · · · ≠
:
:

이 일은 음성 발표만 그렇게 하는 것이 아니라, 지명 받은 아이로 하여금 판서하게 할 경우에도 판서 내용을 보면서 위와 같은 요령으로 평가하게끔 합니다. 이때 '='나 '≠' 표시는 어디까지나, '내 생각과 같거나 다르다'는 뜻이지 결코 정답 또는 오답이라는 뜻이 아닙니다.

이렇게 하면, 아이 각자는 귀 기울여 듣지 않을 수 없습니다. 귀 기울여 들어야만 '=' 또는 '≠'로 평가할 수 있기 때문입니다. 이 방법은 전원을 상시 평가자의 입장에 서게 할 수 있습니다. 이렇게 훈련시키면, 각자 자신이 발표할 때도 남으로부터 이와 같이 평가받고 있음을 의식하게 되어 긴장하여 진지하게 발표하게 됩니다.

시행 초기에는 '=' 또는 '≠'로 평가하였는가의 여부를 반드시 확인하여야 합니다. 지시해도 그대로 실천하지 않는 아이들이 적지 않게 있기 때문입니다. 그리고 전원이 습관이 될 때까지 꾸준히 확인해야 합니다.

확인하는 방법은 짝꿍끼리 하도록 합니다. 이때의 확인은 정답을 썼는가의 여부를 확인하는 것이 아닙니다. 교사가 지시한 대로 행하였는가의 여부, 곧 '자기 나름의 생각'을 기록하였는가의 여부를 확인하는 것입니다. 서로 지시된 행위를 행했음을 확인하였으면, 두 사람이 함께 거수하고, 교사는 이들과 눈을 맞춰 "OK"로 응답(칭찬)하여 줍니다.

우리는 그 동안 지시를 해놓고 그 실행 여부에 대하여 확인하는 일을 소홀히 했습니다. 아이들이 발언과 평가를 마치면 교사가 발언 내용에 대하여 평가하고, 발문에 대한 정답에 대하여 야무지게 수속정리(收束整理)하여야 합니다.

아이들의 발언은 일반적으로 그 조리와 내용에 있어, 불완전합니다. 그래서 아이들로 하여금 실컷 그들의 생각을 발표하게 한 후에, 아이들로서는 더 이상 생각할 수 없는 지점에서 교사가 아이들의 발표 내용을 평가하고 정답을 요점만 간추려 판서를 곁들여 조리 있게 정리해줘야 합니다. 필자는 이것을 수속정리(收束整理)한다고 말하고 있습니다. 그렇게 함으로써 아이들, 특히 B군 아이들의 생각이나 지식이 성립될 수 있을 것입니다.

지금까지 설명한 남의 발언 내용을 자기 생각에 비추어 같다(=), 다르다(≠)를 평가해야 하는 수업론적 의의를 정리하면 다음과 같습니다.

· 학습의 당사자 의식을 형성하게 된다.
· 타인의 의견을 비판적으로 경청하게 된다.
· 스스로 작은 사고, 작은 판단을 부단히 실행하게 됨으로써, 사고력, 판단력이 길러지게 된다.

2. 찬성하면 'O', 반대하면 '×'로 판정하기

일단 교사가 발문하고, 아이들 각자가 자기 나름의 생각을 마련하여 기록하였습니다.

그리고 각 모둠의 ③번 아이를 지명하여 모두 일어서게 한 다음, 기록해 놓은 각자의 생각을 발표하도록 지시합니다.

③번 아이들이 발표할 때 나머지 아이에게는 발표된 내용과 자신의 생각을 비교하여 찬성하면 'O' 표를 하고, 반대하면 '×' 표를 하게 하는 것입니다.

사람은 자신이 선택하여 어떤 입장에 서게 되면, 그 일이 해결될 때까지 관심을 갖고 해결을 위해 노력하는 본성을 가지고 있습니다. 'O', '×'의 어느 한쪽 입장에 서게 되면, 그 일이 어떻게 되어 가는지 관심을 가지며, 의욕적으로 해결하려는 노력을 하게 됩니다. 사람은 누구나 어느 한쪽의 입장에 서면 방관자가 될 수 없으며, 당사자요 주체가 되고자 하기 때문입니다.

여기서의 'O', '×' 방법은 앞에서 논한 바 있는 '=', '≠'로 판별하게 하는 경우와는 다릅니다. '=', '≠' 판별은 다양한 생각이 나오는 것이 바람직한 경우에 알맞은 방법인 데 비해 'O', '×' 방법은 양자택일을 하는 경우에 알맞은 방법입니다. 예컨대 '고물 장수는 정직한 사람인가, 정직하지 않는 사람인가?'를 판단하게 하는 경우엔 'O', '×' 방법이 알맞은 방법입니다.

이때 아이들은 두 가지 일을 제대로 해야 합니다. 하나는 'O', 아니면 '×'를 택일하여야 하므로, 발표 내용을 경청하지 않으면 안 됩니다. 다른 하나는 반드시 사전에 각자가 자기 나름의 생각을 가지고 있어야만 합니다. 자기 나름의 생각을 가지고 있을 때만, 발표되는 내용과 비교하여 'O', '×'를 결정할 수 있기 때문입니다.

3. 복창하게 하기

복창(復唱)은 국어사전에 의하면 '남의 말을 받아 그대로 외움'이라고 설명하고 있습니다. 이는 어떤 아이의 발표가 끝나면 교사가 의도적으로 선정한 아이를 지명하여 '복창하세요'라고 지시하는 요령으로 이루어집니다. 본시 학습목표를 달성함에 있어 매우 중요한 의미를 가진 문제거나 난이도가 조금 높은 문제인 경우에도 '복창'하게 하는 기술을 사용합니다.

우수한 한 아이를 지명하여 이미 기록해 놓은 자기 나름의 생각을 발표하게 하면 비교적 조리 있는 발표가 이루어질 것입니다. 발표가 끝나면, 다른 모든 아이들은 이미 기록해놓은 자기 나름의 생각에 비추어 '=' 또는 '≠'로 평가하는 일을 합니다.

교사는 발표 결과를 칭찬하고, 다른 우수아를 지명하여 복창하게 합니다.

이때 교사는 이 문제를 어려워하고 있는 아이의 표정 변화를 살펴야 합니다. 이해가 완전하지 않은 아이들의 표정이 아직 어두우면, 우수한 아이 몇 명을 연이어 복창하도록 지시합니다. 거의 같은 내용을 몇 명의 우수한 아이가 비교적 조리 있게 연이어 복창함에 따라, 이해가 확실하지 않았거나 제대로 알지 못했던 아이들이 이해가 되어 그들의 표정이 환하게 밝아짐을 볼 수 있습니다.

이때, 그들 중의 한 아이를 지명하여 복창하게끔 지시합니다. 여기까지 오면 거의 모든 아이들이 완전하게 복창을 하는 것이 보통입니다. 우수한 몇 명의 아이가 거의 완전하게 거의 똑같은 내용으로 복창하는 것을 듣고, 다른 아이들도 또한 제대로 복창할 수 있게 된 것입니다.

이렇게 B군 아이가 제대로 발표하게 되면 누구의 지시가 없는데도 전원이 박수를 칩니다. 평소에 입을 다물고 있었던 친구가 제대로 발표한 것을 함께 기뻐하고 있는 모습을 볼 수 있는 것입니다. 이렇듯 복창하기를 경우에 따라 적절히 적용하면 B군을 만들지 않을 뿐 아니라 기왕에 만들어져 있는 B군을 구제할 수도 있습니다.

4. 과제를 주어 듣게 하기

"발표를 잘 들으세요"라는 지시는 매우 알기 쉬운 것 같지만, 실은 매우 추상적이라서 수행하기 어려운 지시입니다. 어떻게 들어야 잘 듣게 되는지 그 방법이 제시되지 않았기 때문입니다.

그래서 남의 말을 귀 기울여 듣게 하는 방법·기술을 지도 해야 할 필요가 있는데 그 중 하나로 발표를 듣기 전에 과제 를 주는 기술이 있습니다. 예를 들어 보면 '지금부터 정희가 발표를 할 것이니, 발표 내용 가운데에서 키워드를 하나 찾 아 노트하세요', 또는 '정희의 발표 내용 가운데에서 군더더 기 말을 하나 찾아 쓰시오'와 같이 과제를 주어 듣게 하는 것 입니다.

이제 구체적인 방법을 몇 가지 소개하겠습니다.

(1) 지명 받은 아이가 발표한 내용에서 잘 궁리한 대목 한 가지를 찾아 노트하기

교사가 의도적으로 S아이를 지명한 후에 "S의 발표 내용 을 들어보면 잘 궁리한 대목이 있을 것입니다. 그 대목을 하 나 찾아 노트하세요"라고 지시합니다. S의 잘 궁리된 점은 지명 전에, 교사가 각자 자기 나름의 생각을 기록한 상황을 확인하기 위해 궤간 순회를 할 때에 발견한 것입니다.

이 경우는 사전에 '잘 궁리된 대목'을 사전에 알고 지시한 것이지만, 때로는 그냥 발표시킨 후 '잘 궁리된 대목'을 찾으 라고 지시하기도 합니다.

(2) 일부러 틀리게 하는 (말 또는 행동) 부분을 만들어 그 부분을 바르게 쓰게 하기

국어과의 음독 지도 시에 교사가 범독에 앞서 다음과 같이 지시합니다.

"선생님이 읽을 때 일부러 잘못 읽는 곳이 있을 것이니, 그곳에 밑줄을 치세요."

이렇게 지시하고 범독하면 아이들은 그곳을 찾기 위하여 글을 주시하며 경청하게 됩니다.

위는 범독의 경우이지만, 그 밖에도 널리 응용할 수 있습니다. 예컨대 판서 내용 중 중요한 부분을 일부러 틀리게 판서하여, 아이로 하여금 발견하게 하는 방법도 그 하나입니다.

(3) 발표를 들은 후에 질문하게 하기

'가장 좋은 경청(傾聽)은 질문하게 하는 일이다'라는 말이 있습니다.

우선 "준희의 발표를 들은 후에 질문을 하나씩 노트하세요"라고 지시합니다. 이렇게 하면 한 가지씩 질문해야 하므

로, 귀 기울여 듣지 않을 수 없습니다.

질문은 대개 두 가지 방식으로 만들어집니다.

하나는 알아들은 부분과 알아듣지 못한 부분이 있을 때, 후자에 관한 내용을 질문합니다.

다른 하나는 발언 내용에 따라 제기된 의문점이 있어, 질문하는 경우가 있습니다.

이렇게 만들어지는 질문들로 인하여 사고의 범위가 넓어지고 깊어지게 됩니다.

5. 빈 손으로 듣게 하기

아이들은 빈 손보다는 뭔가를 가지고 있기를 원하는 본성이 있습니다. 그래서 아이들은 특별한 경우가 아니면, 손에 무엇인가를 가지고 그것을 매만지고 있습니다. 따라서 아이들이 손에 무엇인가를 가지고 있는 상태에서 설명을 하면, 주의가 분산되어 귀 기울여 듣지 않는 것이 보통입니다. 그래서 교사들은 설명 도중에 몇 번씩 주의를 주면서 설명하곤 하지만 아이가 가지고 있는 것을 버리지 않는 한 지시의 효과는 일시적일 뿐입니다.

그러므로 설명 등 이야기를 하고자 할 때는 사전에 손에 갖고 있는 것을 모두 놓도록 지시하고, 제대로 하였는가를 확인한 후에 이야기를 해야 합니다. 하지만 의외로 이 일을 소홀히 하고 있는 것을 흔히 볼 수 있습니다.

6. 아이들의 발언을 교사가 경청하기

아이로 하여금 발언을 제대로 하게 하는 장치의 다른 하나는 교사가 아이의 발언을 귀 기울여 들어 주는 일입니다. 일상생활의 대화에서 이쪽에서 하는 말을 상대가 무성의하게 들어주면 말하고 싶은 의욕이 시들어 버리는 것처럼, 교사의 듣는 태도 여하에 따라 아이들의 발언 태도와 내용이 달라지기 마련입니다.

교사는 발언하는 아이 쪽으로 몸을 향하여 발언하는 아이의 눈을 보고, 고개를 끄덕이며 '그래서', '응! 그렇구나!' 등 공감과 감동을 표현하며 들어야 합니다. 그럼으로써 아이들의 내부에 잠재해 있는 생각을 이끌어낼 수 있습니다.

학습을 촉진시키는 커뮤니케이션에서 가장 중요한 일은 마음을 열어 놓고, 상대의 발언(생각)을 경청하는 일입니다. 상대의 발언을 경청하지 않으면 안 되는 이유는 '듣는 일이란 곧 그로부터 배우는 일'이기 때문입니다. 이웃의 생각을 들어보고 자기 생각보다 더 타당한 생각이라고 인정되면 자기 생각을 바꾸어 향상적(向上的)으로 변용(變容)시켜야 합니다. 그래서 말하는 행위보다 듣는 행위가 학습에 있어선 결정적으로 중요하다고 전문가들은 말합니다.

위에서 논의한 몇 가지 기술에 의한 지도가 일관성 있게 계속적으로 이루어지기만 해도 아이 전원이 똑같이 제대로 학습하는 수업을 실현할 수 있을 것이라 믿습니다.

12
모두가 교재 글의 내용을
제대로 파악해야 한다

해결해야 할 수업 문제점
- 부실한 교재 글의 내용 파악

어느 학년, 어느 교과라도 교과서는 있습니다. 교과서에는 아이들이 학습할 내용이 담겨 있는 글, 곧 교재 글이 실려 있습니다. 어느 아이든지 교재 글의 내용을 제대로 파악하고 있어야 그 시간의 학습문제에 대한 학습을 제대로 할 수 있습니다.

그러나 수업 참관을 가서 보면 수업 시간에 다루어지고 있는 교재 글(교재 내용)을 읽지 않았거나, 읽었다고 하더라도 건성으로 읽었을 것 같은 아이들이 많다는 걸 발견하게 됩니다. 교재 글을 읽었고 그 내용을 알고 있으면 곧 답할 수 있거나 해결할 수 있는 문제에 응답을 못하는 경우가 너무 많기 때문입니다. 이런 현상을 보고 미루어 짐작하면, 교재 글 읽히기 지도가 소홀히 되고 있지 않는가를 의심하게 됩니다.

필자는 시범수업을 해달라는 요청을 받아 공개 수업을 자주 하기에, 다음과 같이 나름의 방법으로 현실을 조사했습니다.

우선 수업이 끝나면 아이들에게 '할아버지 선생님과 공부하고 나서'라는 제목을 주어 써달라고 부탁하곤 합니다.

이때에 다음 물음을 곁들입니다.

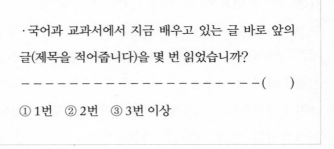

· 국어과 교과서에서 지금 배우고 있는 글 바로 앞의 글(제목을 적어줍니다)을 몇 번 읽었습니까?
------------------------(   )
① 1번   ② 2번   ③ 3번 이상

21개 학급의 아이들에게 조사한 결과, 이에 대한 응답은 다음과 같았습니다.

1번 ····· 72%

2번 · · · · · · 20%
3번 이상 · · · · 8%

　이는 어디까지나 객관성, 신뢰성은 없는 사적 조사의 결과이므로, '교재 글 읽히기'를 생각함에 있어 참고로만 봐주셨으면 합니다.

　국어과의 수업에서 흔히 보는 장면이 있습니다. "중심인물의 심정은 어떠합니까?" 하고 교사가 묻는 모습입니다. 이물음에 거수하는 아이는 겨우 20~30%의 아이들입니다. 이들은 글을 한 번만 읽어도 내용 파악을 거의 제대로 할 수 있는 아이들입니다. 반면 다른 다수의 아이들이 거수하지 않는 것은 아직 내용 파악이 제대로 되어 있지 않아 중심인물의 심정을 알 수 없기 때문입니다. 그들이 교재 글을 몇 번 읽었는지를 정확히 알 수 없지만, 그들은 더 여러 차례 착실히 읽어야 응답할 수 있는 아이들입니다. 이렇듯 교재 글을 필요 최소 횟수만큼 읽히지 않은 채 '중심인물의 심정'을 묻고, '주제'를 묻고 있는 수업에서 부진아가 만들어지고 있습니다.

　주어진 시간 내에 주어진 교재 글을 지도해야만 하는 교사의 어려운 사정은 이해합니다. 하지만 한 번 읽어서는 글의 내용을 파악하기가 어려운 아이들이 70~80%라는 사실에 유의하여, 이들에게 교재 글의 내용을 제대로 파악할 수 있도록 지도할 수 있는 방안은 없는지 찾아봐야 하겠습니다.

교재 글 읽히기의 의의

좋은 수업, 곧 전원이 수업 목표를 성공적으로 성취한 수업을 분석해 보면 예외 없이 아이 전원이 교재 글의 내용을 구석구석까지 파악할 수 있도록, 여러 번 읽히고 있는 것을 볼 수 있습니다. 그 좋은 예를 데지마 가쓰로 선생이 쓰쿠바대학교 부속소학교 2학년을 대상으로 한 수학과 수업에서 제대로 볼 수 있었습니다.

우선 다음과 같이 문제의 '장면'과 '조건'만을 판서하고, 아이들에게 노트하도록 지시하였습니다.

> 아이들이 한 줄로 나란히 서 있습니다.
> 마사코는 앞에서부터 여덟 번째, 뒤에서부터 일곱 번째에 서 있습니다.

그리고 노트를 마친 아이를 지명하여, 노트한 글을 읽게 하였는데 모두 9명에게 이것을 시켰습니다.

이어서 "이 문제는 아직 완성되지 않았습니다. 문제를 완성시키는 말을 생각하여 보세요"라고 지시한 후 거수한 아이들에게 발표시켰습니다. 이때 '완성시키는 말', 곧 '묻는 말'만 발표시키지 아니하고, 처음부터 읽은 다음에 "완성시키는 말을 하세요"라고 지시하였습니다.

지명된 5명의 아이는 처음부터 읽고, 이어서 "줄 서 있는 아이는 모두 몇 사람일까요?"라고 발표하였습니다.

교사는 다음과 같이 판서함으로써, 문제를 완성시켰습니다.

줄 서 있는 아이들은 모두 몇 사람일까요?

'이건 짧은 문제이니 누구나 곧 알 수 있을 것'으로 속단하여, 문제 전체를 많아야 2~3회 읽히고 풀이를 지시하는 것이 흔히 하는 수업입니다. 그에 비하면 이 얼마나 주도면밀한 지도입니까!

쓰쿠바 대학교 부속소학교는 우리나라로 치면 초등학교 교육과정을 만들고 교육방법을 연구하는 '국립 초등교육 연구원'의 기능을 수행하고 있는 곳입니다. 이곳의 교사는 일본 초등 교육계의 1인자들이며, 그런 교사의 수업 속에서 자란 아이들은 보통의 어린이들이 아닌데도 불구하고, 위와 같이 짧은 문장 문제를 읽히고 쓰도록 하고 있는 의의가 과연 어디에 있는가를 진지하게 생각해 보았으면 합니다. 학습문제를, 다시 말하면 교재 글을 전원으로 하여금 구석구석까지 파악할 수 있도록 착실하게 읽히는 일이 보통의 아이를 부진아로 만들지 않는 중요한 법칙의 하나이기 때문입니다.

교재 글의 내용을 제대로 파악할 수 있도록 읽히는 기술

교재 글의 내용을 구석구석까지 파악할 수 있도록 읽히는 기술이 여러 가지 있겠지만, 여기에 필자가 실천하여 그 효과가 검증된 기술 한 가지를 소개하기로 합니다. 우선 다음 날에 수업할 교재 글의 내용을 각자가 충실하게 파악하도록 하기 위한 장치를 하는 겁니다.

구체적인 방법은 다음과 같습니다.

교재 글의 내용을 구석구석 파악하도록 하기 위하여 테스트 문제를 만들어 수업 전 날에 배부합니다. 반드시 교재 글 안에 답이 있도록, 그리고 교재 글의 순서로 문항을 만들어 수업 전날에 배부하고 다음과 같이 당부합니다.

"내일 이 문제 중에서 다섯 문항을 선정하여 정식 테스트를 합니다. 답은 모두 교재 글 안에 있으므로 교재 글을 착실하게 읽어 물음에 대한 답을 쓰고, 내일 정식 테스트에서 만점 맞을 수 있도록 준비 학습을 합시다."

테스트 문제는 다음과 같은 원칙으로 작성합니다.

· 교재 글의 내용을 제대로 파악시키기 위한 목적으로 하는 테스트이다.

· 교재 글을 읽고 내용을 파악했으면, 교재 글 안에서 답을 찾아 쓸 수 있도록, 답이 교재 글 안에 있어야 한다.

· 교재 글의 내용의 순서와 테스트 문항의 배열순서가 같게 배열한다.

· 교재 글의 구석구석의 내용을 파악시키기 위한 테스트이니, 교재 글의 구석구석에서 빠지지 않게 출제한다.

· 문제는 단답형, 선다형 등으로 만든다.

교재 글의 내용을 충실하게 파악시키기 위해서 실시하는
테스트이니, 교재 글을 여러 번 되풀이하여 읽을 수 있도록
다음과 같이 장치합니다.

· 교재 글의 제목 옆에 ○○○○○○○○○○와 같이 ○를 10
개 예쁘게 그리게 하고, 교재 글을 한 번 읽을 때마다 ○ 하나씩
까맣게(●) 색칠하게 한다. 10개를 모두 색칠한 후에 (내용 파악
이 제대로 된 후에) 스스로 테스트하도록 주지시킨다.

주어진 테스트 문제를 모두 풀었으면 가능하면 아버지, 어
머니, 형 등 가족에게 의뢰하여 채점을 받습니다. 혹 틀린 답
이 있으면 해당 부분의 교재 글을 읽고 답을 찾아 고쳐 쓴 뒤
에 다시 채점을 받도록 합니다. 그리고 다음 날에 실시하는
정식 테스트 문제(출제된 문항 중에서 5문제 선정)로 출제될
만한 문제를 짐작하여, 재차 답을 찾아 쓰는 연습을 합니다.
다음 날, 다섯 문항을 선정 출제하여 정식 테스트를 수업
시간의 첫머리에서 실시하고, 채점은 즉석에서 정답을 판서
하여 제시하거나, 불러주어 짝꿍과 바꿔 채점하도록 합니

다. 그렇게 나오는 득점 상황을 모둠별로 '득점상황 기록카드'에 정리하여 제출하게 합니다.

이상과 같이 치러진 정식 테스트에서 얻은 점수는 학급 장부의 해당란에 정식으로 누적 기록되고 있음을, 곧 정식 점수로 관리되고 있음을 아이들이 알도록 보여 주어야 합니다. 그렇게 하였을 때 이 테스트에 진지하게 응하게 될 것이며, 소기의 목적인 교재 글을 착실하게 읽고, 그 내용을 제대로 파악할 수 있을 것입니다.

1. 교재 글의 내용 파악을 위해 가정학습 과제로 제시한 테스트 문제의 예

수업 사례를 하나 들어 보겠습니다. 4학년 국어과 교재에 있는 〈아름다운 싸움〉으로 진행한 수업입니다.

글을 한 번 읽을 때마다 동그라미 하나씩을 까맣게 칠하세요.
동그라미 10개가 모두 까맣게 칠해졌으면 다음 물음

에 답하세요.

다음 중에서 다섯 문제만 골라서 시험을 보겠습니다.

(1) 이 글의 제목은 무엇입니까?

(   )

(2) 이 글에 나오는 사람(등장인물)은 세 사람입니다. 그들의 이름을 쓰시오.

(,   ,   )

(3) 아름다운 싸움을 한 사람은 누구와 누구입니까?

(,   )

(4) 헐값에 사들인 고물더미에서 나온 것은 무엇입니까?

(   )

(5) 시간이 흐를수록 마음에 걸리는 것이 있는 사람은 누구입니까?

(   )

(6) 부자는 금덩이를 돌려주려고 온 고물장수를 어떻게 생각했습니까?

(   )

(7) 부자가 고물 장수에게 선물로 주려고 한 것은 무엇 때

문일까요?

(   )

(8) 제대로 말하면 금덩이의 진짜 임자(주인)는 누구입니까?

    ① 부자 (   ) ② 고물장수 (   )

(9) 부자가 금덩이를 냉큼 받아들이지 않는 까닭은 무엇입니까?

    ① 고물장수에게 주려고 (   ) ② 자기 것이 아니니까 (   )

(10) 두 사람이 서로 다툰 까닭은 무엇입니까?

    ① 서로 금덩이를 가지려고 (   ) ② 서로 상대에게 금덩이를 주려고 (   )

(11) 고물장수는 어떤 마음을 가진 사람입니까?

(마음)

(12) 부자는 어떤 마음을 가진 사람입니까?

(마음)

(13) 글의 제목을 '아름다운 싸움'이라고 한 까닭은 무엇일까요?

(   )

2. 정식 테스트 문제

다음 5개 문항을 선정하여, 수업 첫머리에서 테스트를 실시하였습니다.

(1) 이 글의 제목은 무엇입니까?

(   )

(2) 아름다운 싸움을 한 사람은 누구와 누구입니까?

(,   )

(3) 헐값에 사들인 고물더미에서 나온 것은 무엇이었습니까?

(   )

(4) 두 사람이 서로 다툰 까닭은 무엇입니까?

① 서로 금덩이를 가지려고 (   ) ② 서로 상대에게 금덩이를 주려고 (   )

(5) 글의 제목을 '아름다운 싸움'이라고 한 까닭은 무엇일까요?

(   )

교재 글 내용 파악 상황 테스트의 효과

교재 글의 내용을 파악시키기 위한 장치로서 시행하는 테스트를 제대로 할 경우, 다음 같은 효과가 있는 것으로 검증되었습니다.

· 교재 글의 내용을 구석구석까지 파악하고 있어 학습문제에 흥미와 관심, 내발한 문제의식을 가지고 있음으로 인하여, 전원이 학습의 능동적 주체로서 학습한다.

· 사전에 응답 연습을 해 본 문제에 의한 테스트이므로, 거의 만점 또는 그에 가까운 고득점을 하는 기쁨을 만끽하고, 그것을 안고 학습활동에 임하게 된다.

· 전원이 학습 목표에 성공적으로 도달할 수 있다.

· 교재 글의 내용 파악이 사전에 되어 있으므로, 그것을 파악시키기 위한 문답을 할 필요가 없어, 그 만큼 본 차시 학습문제 해결의 시간을 확보할 수가 있다.

교재 글의 내용 파악 상황을 위한 사전 테스트의 효과를 뒷받침해주는 J. A. 워시번의 실험은 시사하는 바가 큽니다. 그는 학생 170명을 A · B, 두 그룹으로 나누어 똑같이 과학과 영국 문학사의 일부를 읽힌 후 양 그룹을 다음과 같이 서로 다르게 통제하여 실험하였습니다.

· A그룹 : 읽기 전에 20개 문항의 질문을 주고 읽혔습니다.

· B그룹 : 아무런 과제도 주지 않고 읽혔습니다.

· 읽기를 끝낸 직후와 2주간이 지난 뒤에 40개 문항(처음에 A그룹에게 제시했던 20개 문항과 그와 다른 새로운 20개 문항)을 주어 테스트 하였습니다.

이 실험의 결과는 다음과 같았습니다.

· A그룹은 읽기 전에 주었던 20문항은 모두 우수한 성적이었으나, 새로운 20문항은 B그룹과 같았습니다.

· 사전에 문제를 가르쳐 주지 아니했던 B그룹은 성적이 매우 좋지 않았습니다.

· 전체적으로는 역시 A그룹의 성적이 우수하였습니다.

테스트의 일반적 목적

테스트의 목적은 흔히 '진단 목적'과 '관리 목적'의 두 가지로 말하고 있습니다.

필자는 위에서 교재 글을 읽히기 위한 장치로서, 교재 글의 내용을 파악하기 위한 사전 테스트 방안을 제안하였습니다. 그러면서 테스트의 목적을 두 가지로만 한정할 것이 아니라, 아래와 같이 '교재 글 내용 파악 목적'을 추가하는 것이 어떨까 생각이 들었습니다.

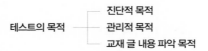

테스트의 목적 ── 진단적 목적
── 관리적 목적
── 교재 글 내용 파악 목적

이렇게 할 경우 학문적으로는 어떤 문제가 있을지 모르겠습니다만 교재 글을 충실히 읽히기와 관련한 현장 교사의 인식을 바꾸는 데는 효과가 있지 않을까 생각합니다.

13
한 번에 한 가지씩 가르치기

해결해야 할 수업의 문제점
– 여러 가지를 동시에 가르친다

수업 참관을 하는 가운데 흔히 볼 수 있는 문제점의 하나는 동시에 여러 가지 내용을 가르치거나 지시하고 있는 점입니다. 이렇게 할 경우 소수의 우수한 아이는 알아차리거나 지시된 대로 작업하지만, 그 밖의 아이들은 그렇게 하기 어렵습니다. 대부분은 한 번에 여러 가지를 동시에 기억하기 어려워 가르치거나 지시한 대로 행하지 못합니다.

우리는 약속 시각이나 장소 또는 전화번호 등 잊어버리면 안 되는 것을 메모장에 써 둡니다. 뇌 안에는 이와 같이 일시적으로 메모장과 같은 역할을 맡는 곳이 있다고 합니다. 뇌의 이런 기능을 워킹 메모리(Working memory)라고 합니다. 한꺼번에 몇 가지를 지시하거나 가르치더라도 순서대로 행하고 학습하는 아이가 있는가 하면, 그렇게 하는 게 어려운 아이가 있는 것은 워킹 메모리의 개인차 때문입니다.

한 번에 여러 가지를 가르치거나 지시할 때의 문제점

필자의 집에서 가까운 곳에 초등학교가 하나 있습니다. 운동회가 다가오면, 경기나 무용 등을 지도하는 목소리가 스피커를 통해서 환히 들려옵니다. 교사가 시범을 해 보이면서 지도하는 것 같았습니다.

"선생님의 시범을 잘 보고 그대로 합시다. 팔을 이렇게 어깨 높이로 올렸다가 비껴 위로 올립니다. 이때 손가락을 합쳐 쭉 펴고 눈은 그 끝을 봅니다. 그리고 다리는 이렇게 굽혔다가 펴고 다시 굽힙니다. 그런 뒤에 이렇게 팔짝 뜁니다. 알겠지요? 그럼 시—작."

잠시 후에 "그만!" 하는 지시와 함께 조금 상기된 목소리로 "아까 말했는데, 그게 뭐예요! 다시 한 번 말 할 테니 잘 들으세요"라고 말하고 다시 한 번 똑같은 설명을 되풀이합니다.

그렇게 하여 연습이 다시 시작됐는데, 잠시 후 교사는 아까보다 더 큰소리를 "그만 해!" 하고 지시합니다. 그리고 두 번이나 똑같은 말을 했는데도 제대로 못한다고 고래고래 고함을 치며 꾸짖습니다.

이 문제는 한 번에 여섯 가지 동작을 지시한 결과입니다. 동시에 여섯 가지 동작을 지도 받고 그대로 기억하여 순서대로 제대로 하는 아이들이 몇이나 있겠습니까? 교사가 지도한 대로 할 수 있는 아이가 극소수에 불과한 것이 당연합니다.

다음은 어느 사회과 수업에서 본 장면입니다.

"지도책의 7쪽을 펴서 충청북도의 도청 소재지인 청주를 찾아, 연필 끝으로 짚으세요"라는 지시가 나왔습니다. 일부의 아이들만 지시된 대로 행하였을 뿐, 다수의 아이들은 지도책의 7쪽조차 펴지 못한 채 두리번거리고 있었습니다. 이들에겐 동시에 주어진, 여러 가지 지시 사항을 기억하고 순서대로 행하기가 쉽지 않기 때문입니다.

전원이 제대로 수업을 할 수 있도록 하기 위해서는 한 번에 한 가지씩 지시하여야 합니다. 위와 같은 상황에서는 "지도책을 내놓으세요"라고 지시한 후 실행 상황을 짝꿍끼리 확인하게 합니다. 이어서 "6쪽을 펴세요"라고 지시한 후 실행 상황을 위와 같은 요령으로 확인한 후 칭찬합니다. 이어서 "충청북도를 찾으세요"라고 지시한 후 위와 같이 확인하고, 이어서 "도청 소재지인 청주를 찾아 연필 끝으로 가리키세요"라고 지시한 후에 실행 상황을 같은 방법으로 확인케 하여 칭찬합니다.

이상과 같이 하나씩 지시하거나 가르치고, 그 결과를 확인하며 나아가야 합니다. 링컨은 "일을 해내는 비결은 한 번에 오직 한 가지 일을 행하는 데에 있다"는 말을 했다고 합니다. 한 번에 한 가지씩 가르치거나 지시하는 일, B군을 만들지 않는 매우 중요한 원칙의 하나라고 생각합니다.

한 번에 한 가지씩 가르친 수업의 사례

2학년 1학기 수학과 '시간 알아보기' 1차시의 '시각을 읽을 수 있어요' 주제에 다음과 같은 문제가 교과서에 제시되어 있습니다(Ⓐ~Ⓓ는 편의상 붙였음).

Ⓐ 시계(7시 10분을 가리키고 있는 시계 그림이 제시
돼 있음)에서 긴 바늘은 어떤 숫자를 가리키고 있습니
까?
Ⓑ 시계에서 짧은 바늘은 어떤 숫자와 어떤 숫자 사이
를 가리키고 있습니까?
Ⓒ 시계에서 긴 바늘이 숫자 1, 2, 3…을 가리키면 각
각 5분, 10분, 15분…을 나타냅니다. 오른쪽 그림의
시계가 나타내는 시각은 8시 5분입니다(8시 5분을 가
리키는 시계 그림이 그려져 있음).
Ⓓ 민석이가 일어난 시각은 몇 시 몇 분입니까?

읽으면 알 수 있는 부분이지만, 분침(분)과 시침(시)을 동
시에 가르치도록 되어 있습니다. 그러나 2학년 아이들의 일
부 아이들을 제외한 다수의 아이들은 분침과 시침을 분별하
여 시각을 정확하게 읽기란 쉽지 않은 일임을 가르쳐 본 경
험이 있는 교사라면 공감하리라 생각합니다. 그러니 당연하
게도 진도표(교사용 지도서에 지시된)에 규정되어 있는 대로 2
페이지를 40분 동안 다룰 경우 교과서에 그림으로 제시되어

있는 7시 10분과 8시 5분을 정확하게 읽을 수 있는 아이는 많지 않을 것입니다. 한꺼번에 분침 읽는 방법, 시침 읽는 방법, 분침과 시침의 관계를 알고, 몇 시 몇 분을 읽어내는 방법 등을 가르치도록 되어 있기 때문입니다.

따라서 한 번에 한 가지씩 곧 분침 읽기, 시침 읽기, 분침과 시침의 관계를 알고, 이어서 시각 읽기의 차례로 한 가지 사항씩 지도하여야 하며, 그렇게 할 때만이 B군을 만들지 않는 수업을 할 수 있을 것입니다.

그렇다면 이 문제를 어떻게 지도할 것인가를 설명하겠습니다.

1. 분침의 지도

큼직한 실물 시계를 칠판에 걸어 놓고, 교사가 분 단위로 분침을 천천히 돌리며 아이들로 하여금 '1분, 2분, 3분…'으로 합창하도록 합니다.

한 바퀴 돌면 다시 '1분, 2분, 3분…'으로 일제히 합창합니다.

이 작업을 3~4회 되풀이합니다.

이렇게 함으로써 긴 바늘은 '분'을 나타낸다는 것을 확실하게 알게 됩니다.

2. 시침의 지도

시침을 움직여 보이며, 숫자 1과 2사이를 움직이는 동안은 1시, 숫자 2와 3사이를 움직이는 동안은 2시, 숫자 3과 4 사이를 움직이는 동안은 3시, ~ 숫자 12와 1 사이를 움직이는 동안은 12시임을 가르칩니다.

이때 모든 아이로 하여금, 교사의 "숫자 2와 3사이를 움직이는 동안은 2시"라는 선창에 따라서 일제히 따라 말하도록 하여야 하며, 이 행동을 3~4회 되풀이하도록 합니다.

3. 분침과 시침의 관계(시각 읽기) 지도

분침과 시침 읽기를 한 명의 예외도 없이 읽을 수 있게 한 후에 비로소 분침과 시침의 관계, 곧 시각 읽기를 지도합니다.

교과서의 민석이가 일어난 시각 7시 10분을 설정해 놓고, 먼저 긴 바늘을 읽습니다.

이어서 시침이 숫자 6과 7 사이에 있으므로 6시임을 확인합니다.

그런 뒤에 'ㅁ시 ㅁ분'이라고 판서하여 모든 아이로 하여금 노트하게 하여 써넣는 작업을 하도록 합니다.

이상으로 P.94의 학습을 마치고, P.95를 아이 각자로 하여금 교과서의 물음에 답하게 하여, 교사에게 가져오도록 지시합니다.

'두 마리 토끼를 동시에 쫓지 않는다'는 속담이 있습니다. 동시에 두 마리를 쫓을 경우 두 마리를 모두 놓치게 됨을 가르치고 있는 말로, 우리 조상은 수업기술의 법칙을 쉬운 말로 간명하게 잘 알려주고 있습니다. 한 번에 한 가지씩 지시하고 가르침으로써 B군을 만들지 않을 수 있는데, 이 쉬운 일을 실천하기 어려운 것이 우리의 현실인 것 같습니다.

이 일에 대하여 무코야마 요이치 씨도 그의 '수업의 원칙 10개조' 중의 하나로 '일시 일사(一時 一事)의 원칙'을 밝히며 한 가지 사례를 소개하고 있습니다.

월요일의 운동장 조회 때 발표한 '주생활 목표'의 기억 상황을 교실 입실 직후에 조사한 사례입니다. 생활목표가 하나일 때는 80%를 넘는 아이들이 정확하게 기억하고 있었습니다. 그러나 목표가 두 가지가 제시되었을 때는 두 가지를 모두 기억하고 있는 아이들은 30% 이하였다고 합니다. 그는 들은 직후의 기억이 이런 상황이므로 1주가 지나면 거의 잊어버릴 것이라는 설명을 곁들였습니다.

14
응답은 필답으로

해결해야 할 수업의 문제점

– 음성 응답을 중심으로 이뤄지는 수업

현행 수업에서 교사의 물음에 대한 아이들의 응답이 거의 구두(口頭)로 이루어지고 있는 점을 수업의 문제로 제시해 봅니다. 구두 위주의 발표가 안고 있는 문제점은 크게 다음 세 가지입니다.

1. 지적 순발력이 좋은 아이들만 참가한다

교사의 발문이 떨어지자 곧바로 일부의 아이가 거수합니다. 곧 그 중의 한 아이가 지명되어 발표합니다. 이때 거수하는 아이들은 발문이 떨어짐과 동시에 그에 대한 답을 생각하여 거수하게 됩니다. 그들은 그만큼 지적 순발력이 좋은 것입니다. 결국 지적 순발력이 좋은 일부의 아이들만 수업에 참가하고 있는 것입니다.

이렇게 '발표-거수-지명-발표'는 빠른 속도로 이어지기 때문에 '구두 발표' 위주의 수업에서는 지적 순발력이 좋은 아이들만 수업에 참가하게 됩니다. 이때 거수하지 않은 아이들의 움직임을 보면, 그들도 나름대로 생각을 진행하고는 있습니다. 그러나 빠른 아이들이 거수하게 되면 생각하기를 멈춰 버리는 것이 보통입니다. 앞선 아이들의 발표로 수업이 쉼 없이 진행되어 나가므로, 한 박자 늦은 이들은 더 생각할 만한 시간도 없지만, 생각해봤자 빛을 볼 수 없고 이미 무의미한 일이 되어버려 더 생각할 필요가 없으며, 더 생각하려고 해도 생각할 수 없습니다.

이렇게 구두 발표 위주의 수업은 지적 순발력이 좋은 일부의 아이군(群)만 수업에 참가하게 하고, 그 밖의 아이군은 피동적 방관자로 만들어 버립니다.

2. 진지한 사고가 어렵다

발문이 떨어지자 거수하는 아이들은 발표할 내용을 이미 가지고 있는 아이들입니다. 이들은 발문의 시작과 함께 생각하기 시작하여, 발문이 떨어지는 순간까지 그 생각이 이루어집니다. 따라서 짧은 시간에 생각이 이루어집니다. 다시 말하면, 이 생각은 일반적으로 각자의 모든 지식과 능력을 다하여 진지하게 사고하는 것이 아닌 이른바 즉흥적인 사고입니다. 따라서 생각의 두께가 얇은 것이 일반적입니다. 이 말은 결코 즉흥적 사고의 의의를 부정하는 것은 아닙니다. 하지만 구두 발표 위주의 수업에서 면하기가 어려운 문제점이라 생각합니다.

3. 발표에 참가하는 인원이 제한된다

수업에서 아이들의 구두 발표의 중요성은 말할 필요가 없지만 그것이 전부가 아님도 사실입니다. 따라서 학급의 아이 수가 전원 발표가 가능할 만큼의 소인수가 아닌 경우에는 전원이 발표하기를 희망한다 하더라도 어려운 것이 현실입니다. 한 단위 시간 40분 동안 발표시킬 수 있는 인원수는 수업

상황에 따라 다르지만 10명 내외가 보통인 것 같습니다.

따라서 구두 발표 위주의 수업은 발표하는 소수의 아이군(群)과 다수의 함구하는 아이군으로 나누어지는 문제점이 있기 마련입니다.

응답은 필답으로 해야 한다

구두 발표에 대한 문제를 해소하기 위해, 부득이한 경우를 제외하고는 응답을 구두가 아니라 필답(筆答)으로 하도록 지도해야 한다고 생각합니다.

우선 필답이란 무엇인가에 대하여 짚어 보고자 합니다. 필답이라 함은 교사의 물음에 대한 각자의 '자기 나름의 생각'을 문자로 써서 나타냄을 말합니다. 이미 앞에서 논의한 바와 같이 물음에 대한 각자 자기 나름의 생각이란 결코 정답을 이르는 말이 아니며, 문자 그대로 자기 나름의 잠정적 해답을 말합니다. 그러므로 여기에서 요구하는 '응답'이란 지적 장애가 없는 보통의 아이라면 누구나 할 수 있는 일입니다.

자기 나름의 생각을 전제로 하는 '응답을 필답'으로 하게

끔 할 때, 하나의 조건이 있습니다. 바로 아이 각자가 물음을 받아 자기 나름의 생각을 마련하여 기록하는 데 필요한 시간을 제한하고, 동시에 기록하는 글자의 수도 제한하는 것입니다.

예컨대 "이 물음에 대하여 이모저모로 생각하세요. 그리고 생각한 내용을 10자 이내로 요약하여 쓰세요. 이 작업을 2분 이내에 하세요"와 같이 시간과 글자 수를 제한하여 주는 것입니다.

이시형 박사에 의하면 '인간은 어떤 제한을 받으면, 주어진 제한 내에 그 일을 수행하기 위해서 뇌가 주어진 제한에 맞춰 일하게 된다'고 합니다. 이때 '시간을 얼마로 제한할 것인가'에서 학습의 속도가 늦는 아이들이 당면한 문제에 대해 자기 나름의 생각을 갖기에 충분한 시간이 확보되어야 합니다. 이는 학습의 속도가 늦은 아이들을 잘 알고 있는 담임교사가 정해야 합니다.

응답에 필요한 시간과 글자 수의 제한은 교재 연구의 일환으로서 잊어서는 안 되는 항목의 하나라고 말씀드리고 싶습니다.

응답을 필답으로 함에 따른 효과

응답을 필답으로 함에 따라 얻어지는 효과는 무엇일까요?

첫째, 앞에서 이미 논의한 바와 같이 물음에 대한 응답을 생각하는 데 소요되는 시간에는 개인 간의 차가 있기 마련인데 필답은 이에 매우 효과적으로 대응할 수가 있습니다. 비록 제한된 필요 최소한의 시간이지만, 응답에 필요한 일정 시간을 보장해 주기 때문입니다.

둘째, 교사가 꿈 속에서도 소망하는 일은 모두가 참여하는 수업인데, 응답을 필답으로 하게 할 경우 A군만이 아니라 전원이 거의 동시에 응답에 참가하게 됨으로써 교사의 해묵은 소망을 실현할 수 있습니다.

다시 한 번 강조하지만, 이때의 필답은 결코 정답이 아닙니다. 물음에 대한 각자 자기 나름의 생각이므로 이는 누구나 다 가질 수 있습니다. 이 부분은 잘 훈련되어 한 아이도 빠짐없이 필답하게 될 때까지 확인해야 합니다. 짝꿍끼리 필답했는가를 확인하게 하고, 두 사람이 필답하였음을 확인하면, 함께 거수하도록 한 후 교사와 눈을 맞추면 손을 내리도록 합니다. 이때 확인하는 것은 정답 여부를 확인하는 것이 아니라, 지시 받은 대로 필답이라는 행위를 했는가를 확인하는 것입니다.

셋째, 필답을 하게 되면 누구나 해당 문제에 대해 깊이 생각하게 됩니다.

세계의 많은 교육학자들은 '기록하는 일은 곧 사고하는 일'이라고 말하고 있습니다. 학자들의 말이 아니라도 우리들의 일상 경험을 통해서도 수긍이 가는 말입니다. 제 경험을 말하자면, 어떤 글을 쓸 때 집필 전에 구상한 후 쓰게 되는데 써 나가는 과정에서 구상할 때엔 미처 생각하지 못하였던 생각이 잇따라 떠오르곤 합니다. 그리고 글을 쓰고 있노라면 자신과 또 하나의 자신이 마주 보고 대화하고 있음을 의식하게 됩니다. 이것이 생각하는 일, 곧 사고임은 주지하는 바와 같습니다.

넷째, 필답을 하게 되면 A군 아이들은 물론 특히 B군 아이들이 발언하기 쉽게 됩니다.

아이들이 발언하기를 주저하는 것은 발언할 거리 곧 발언할 내용이 없기 때문인 경우가 대부분입니다. 그러나 필답을 하게 되면 누구나 발언할 거리가 있을 뿐 아니라, 그것이 기록되어 있으므로 기록된 것을 보고 발언하면 됩니다. 따라서 망설임 없이 발언할 수 있습니다. 물음에 대한 '자기 나름의 생각'을 마련하여 기록하고, 그 기록물을 소집단원끼리 교류

함으로써, 부족했던 각자 나름의 생각이 보다 타당한 생각으로 갈고 다듬어질 수 있으므로, 누구나 주저하지 않고 발언할 수 있습니다.

이상의 논의로 알 수 있는 바와 같이 제대로 실천만 하면 필답으로 응답하게 하는 것이야 말로 B군을 만들지 않고, 그동안 불행히도 B군으로 만들어진 아이들의 구제도 보장할 수 있는 방안이라고 생각합니다.

15
급소를 집중 학습한다

해결해야 할 수업의 문제점
- 균일주의에 의한 진도

학습부진아를 만드는 주요한 요인 중 하나로 '진도표'가 있습니다. 진도표란 각 교과별로 마련되어 있는 지도 계획으로, 주어진 교재를 주어진 시간 내에 이수시킴에 있어서 매 단위 시간의 지도 계획을 짜놓은 말 그대로 '진도표'입니다. 예를 들어 3-2 수학과 교사용 지도서*를 보면 '연간 지도계획'이라 하여 월, 별, 주별, 차시별 '수업 내용 및 활동'이 표로 제시되어 있으며, 각 단원마다 '각 단원의 전개 계획'이라

---

* 교육부(2014). 3-2 수학과교사용지도서. 천재교육. 227p.

하여 각 차시마다 주제와 수업 내용 및 활동이 표로 자세히 명시되어 있습니다.

우리나라의 공교육은 '학년제'라는 제도 하에 있습니다. 예컨대 수학 교과서 한 권을 한 학기 동안 지도해야 합니다. 따라서 계획적으로 지도하지 않으면 주어진 교재를 주어진 기간 내에 이수시키기가 어렵습니다. 그래서 마련된 것이 이른바 교과학습 진도표, 곧 교사용 지도서에서 말하는 '연간 지도 계획', '단원의 지도 계획'입니다. 교사들은 이 교사용 지도서에 명시된 진도표에 따라 수업을 진행해 나갑니다.

그런데 필자는 이 진도표에 문제가 있다고 생각합니다.

교사용 지도서에는 '아래에 제시된 연간 지도 계획은 예시로 제시한 것이기 때문에 각 학교는 해당 지역이나 학교의 환경적 여건, 학습능력 수준 등에 따라 학교 단위로 재구성하여 운영할 수 있다'라는 명시를 통해 제시된 연간 지도 계획은 예시에 불과한 것이니 재구성하여 운영하도록 당부하고 있습니다. 당연히 당부대로 해야 하지만 직접 수업을 하고 있는 학급교사들은 이 당부를 따를 필요를 느끼지 않는지, 지도서가 제시한 대로 수업을 하는 게 일반적 현실입니다. 그렇다고 '당부한 대로 해줄 것'이라는 생각에서 이 안을 만들었다면 이는 너무 편의주의적이며 안이한 생각이 아닐 수 없습니다.

우선 선생님들은 교사용 지도서의 권위를 믿고 있습니다. 그리고 지도서의 당부대로 조정 작업을 하고 있기에는 교사들이 겪는 현실에 잡다한 일들이 너무 많으며, 바쁩니다. 그러므로 교사 각자가 조정할 것을 전제로 '단원 지도 계획', 곧 진도표를 만들 것이 아니라 처음부터 교재의 난이도에 따라 시간을 배당하였더라면 하는 아쉬움이 있습니다. 이러한 교사용 지도서의 '단원 지도 계획'은 균일주의(均一主義)에 의하여 만들어졌기 때문에 문제가 됩니다.

좀 더 구체적으로, 3-2 수학과 교사용 지도서 227쪽에 게재되어 있는 '4단원의 분수 전개 계획'을 예로 들어 수학과 진도표의 일반적인 문제점을 살펴보기로 하겠습니다.

이 '계획'은 다음 [표 1]과 같은 항목으로 이루어져 있습니다.

[표 1] 단원의 전개 계획

차 시	주 제	수업 내용 및 활동	준비물	익힘책 쪽수

지면 관계로 위의 항목 중에서 '차시'와 '주제'의 두 항목에 한하여 아래의 [표 2]에 지도서의 내용을 그대로 옮겨 봅니다.

교사용 지도서에서는 [표 1]과 같은 '단원의 전개 계획'이라

[표 2] 단원의 전개 계획

차시/교과서 쪽수	주제	차시/교과서 쪽수	주제
1차시 100 ~ 105쪽	단원 도입	8차시 118 ~ 119쪽	분수의 차를 구할 수 있어요
2차시 106 ~ 107쪽	분수로 나타낼 수 있어요(1)	9차시 120 ~ 121쪽	대분수를 알 수 있어요
3차시 108 ~ 109쪽	분수만큼은 얼마 인지 알 수 있어요	10차시 122 ~ 125쪽	공부를 잘했는지 알아봅시다
4차시 100 ~ 111쪽	분수로 나타낼 수 있어요(2)	11차시 126 ~ 127쪽	문제 해결 −맛있는 케에크
5차시 112 ~ 113쪽	분수로 수직선에 나타낼 수 있어요(2)	12차시 128 ~ 129쪽	체험 마당 −A4 용지
6차시 114 ~ 115쪽	진분수와 가분수를 알 수 있어요	보충1 130 ~ 131쪽	놀이 마당 −사다리 채우기
7차시 116 ~ 117쪽	분수의 합을 구할 수 있어요	보충2 132 ~ 133쪽	이야기 마당 −옛날 이집트 사람들의 분수

는 표를 제시하여, 위에서 이미 언급한 대로 '예시에 불과한 것'이라고 하였고, '재구성하여 운영'하도록 당부하였지만, 지도서에 실린 원안대로 진도를 몰고 나가고 있는 것이 일반적인 현실입니다.

[표 2]의 '차시/교과서 쪽수'를 보면 알 수 있는 듯이 각 차시마다 배당되어 있는 교과서의 쪽수가 균일하게 2쪽으로 되어 있습니다. 필자는 이와 같이 어느 시간에나 똑같은 쪽수를 균일하게 배당한 진도표를 '균일주의적 진도표'라고 부르고 있습니다. 미리 말해두거니와 교사용 지도서의 진도표는 여기에서 예시하고 있는 단원뿐만 아니라 전 학년에 걸쳐 1단위 시간당 2쪽씩 균일하게 배정되어 있습니다.

교재에는 아이들이 학습하기 어려운 곳, 곧 원리를 학습하는 곳이 있는가 하면, 그곳을 응용하는 곳 곧 비교적 학습하기 쉬운 곳이 있습니다. 그럼에도 불구하고 [표 2]의 '차시/교과서 쪽수'란에서 볼 수 있는 것과 같이 기계적으로 균일하게 배당되어 있습니다.

지도서의 원안대로 진도를 몰고 나가는 경우, 이해하기 쉽지 않은 원리 부분을 1시간 안에 다루어야 합니다. 그렇게 할 경우 일부의 아이들은 제대로 학습할 수 있지만 그 외의 아이들은 제대로 학습하기 어려우며, 이 사실은 경험을 통하여 교사라면 누구나 잘 알고 있을 것입니다. 아이들은 불완전하게 학습하거나, 학습에 실패하게 될 것이 거의 확실하며, 계통성이 엄한 수학과의 특성으로 인하여 다음 차시의 학습도 불완전하거나 실패하게 될 것이 불을 보듯 뻔합니다. 그러므로 지도서의 진도표대로 수업할 경우, 일부의 아이들만 제대로 학습하게 되고, 여타의 아이들은 불완전 학습, 또는 학습의 실패가 누적될 수밖에 없습니다.

급소를 집중적으로 학습한다

균일주의적 교과 학습 진도표의 문제를 해결하는 방법으로 필자는 일찍이 '급소집중학습'을 제안한 바 있습니다. 특히 수학과에서 B군을 만들지 않는 수업은 급소집중학습이 가장 효과적이라는 걸 많은 실천적 사실을 통해서 믿고 있습니다.

1. 급소란 무엇인가

먼저 급소란 무엇인지 알아보겠습니다. 사전에 의하면 '급소'란 '①신체 중에서 조금만 다쳐도 생명에 관계되는 부분 ②사물의 가장 중요한 부분'이라고 해설하고 있습니다.

수학과 단원을 보면 모두 몇 개의 주제로 이루어져 있습니다. 이 몇 개의 주제를 보면 원리를 학습하는 주제와 그것을 응용하여 학습하는 주제로, 바꾸어 말하면 아이들이 학습하기 어려운 주제와 그것을 제대로 알면 비교적 쉬운 주제가 있습니다.

그런데 아이들은 일반적으로 전자, 곧 원리 학습이 어려워 더 많은 시간이 소요되지만 원리 학습이 제대로 이루어지면 그 원리를 적용하여 해결하는 후자의 학습에는 많은 시간을 소요하지 않는 것이 보통입니다. 그런데도 원리학습과 응용 문제 풀이에 학습 시간을 균일하게 배당하는 것은 아이들의 필요와 요구를 외면한 균일주의의 문제를 보여줍니다.

따라서 균일주의 원칙을 극복하기 위해 양자에게 균일하게 배당된 진도를 조정해야 합니다. 원리학습을 제대로 했을 때, 그를 응용하는 학습은 비교적 쉬우므로 여기에 배당된 시간의 일부를 전자의 원리 학습에 보탬으로써 모든 아이들이 원리학습을 충실하게 할 수 있도록 시간을 조정하여야 합니다. 전자의 학습이 제대로 성립되어야 비로소 후자의 학습이 성립된다는 의미에서, 필자는 전자를 학습의 '급소'라고 부르고 있습니다.

2. 급소집중학습의 실제

앞의 [표 2]에서 본 바 있는, 3학년 2학기 수학과 4단원 분수의 시간 배당을 예를 들어 구체적으로 논하겠습니다. 이 단원은 모두 14시간이 배당되어 있으므로 이 시간을 각 주제의 난이도에 알맞게 배당해야 합니다.

필자가 이 단원의 14개 주제의 난이도를 검토해 보니, 2차시 주제인 '분수로 나타낼 수 있어요(1)'와 4차시 주제인 '분수로 나타낼 수 있어요(2)'는 일부 아이들을 제외한 다수의 아이들이 이해하기에는 힘이 많이 드는 주제입니다. 따라서 그것을 완전히 이해하는 데 할당된 1시간의 수업은 다수의 아이에게 어려운 일로 생각됩니다. 바꾸어 말하면, 이 두 주제의 학습 내용은 이 단원을 제대로 학습함에 있어 마스터키에 해당하는 전이가(轉移價) 높은 내용이라고 생각됩니다.

여기가 이 글에서 말하는 이른바 '급소'입니다.

부연하면 이 두 주제의 학습이 제대로 되는가 안 되는가의 여부에 따라 그 이후 주제들의 학습 성립 여부가 결정되는, 단원의 모체학력이라고 생각합니다. 따라서 여기에 시간을

[표 3] 단원의 전개 계획

차시/교과서 쪽수	주제	조정차시	차시/교과서 쪽수	주제	조정차시
1차시 100 ~ 105쪽	단원 도입	1차시	8차시 118 ~ 119쪽	분수의 차를 구할 수 있어요	10차시
2차시 106 ~ 107쪽	분수로 나타낼 수 있어요(1)	2~3차시	9차시 120 ~ 121쪽	대분수를 알 수 있어요	11차시
3차시 108 ~ 109쪽	분수만큼은 얼마인지 알 수 있어요	4차시	10차시 122 ~ 125쪽	공부를 잘했는지 알아봅시다	12차시
4차시 100 ~ 111쪽	분수로 나타낼 수 있어요(2)	5~6차시	11차시 126 ~ 127쪽	문제 해결 -맛있는 케에크	13차시
5차시 112 ~ 113쪽	분수로 수직선에 나타낼 수 있어요(2)	7차시	12차시 128 ~ 129쪽	체험 마당 -A4 용지	
6차시 114 ~ 115쪽	진분수와 가분수를 알 수 있어요	8차시	보충1 130 ~ 131쪽	놀이 마당 -사다리 채우기	14차시
7차시 116 ~ 117쪽	분수의 합을 구할 수 있어요	9차시	보충2 132 ~ 133쪽	이야기 마당 -옛날 이집트 사람들의 분수	

증배하여 2시간씩 배당하고, 이 2시간은 원안의 11~12차시를 1시간에, 13~14차시를 1시간으로 조절함으로써 해결될 것으로 생각합니다.

이를 정리해 보면 [표 3]과 같이 되며, 이와 같이 급소를 찾아내어 시간을 증배하여 급소를 제대로 지도하는 것을 필자는 '급소집중학습'이라고 부르고 있습니다.

[표 3]의 푸른 선 좌측은 교사용 지도서에 있는 원안이며, 푸른 선 우측의 조정차시는 주제의 학습 난이도에 따라 필자가 조정한 차시입니다. 원안의 2차시와 4차시를 1시간씩 증배하여 각 2시간씩으로, 그 대신 11~12차시와 13~14차를 각 1시간씩으로 조정한 것입니다. '분수로 나타낼 수 있어요 (1)(2)'를 제대로 학습하면 충분히 여유 있는 시간입니다. 이 단원에 배당된 전체 수업 시수 14시간 내에서 급소에 시간을 증배 조정한 것입니다.

지금까지 수학과를 예로 설명했지만, 급소집중학습의 아이디어는 수학과에 한정하지 않고 전 교과에 걸쳐서 실천되어야 한다고 생각합니다.

16
수업 용어가 어렵다

해결해야 할 수업의 문제점

– 용어를 알아듣지 못하면 B군이 될 수밖에 없다

수업 용어의 몇 가지 문제점 중에서 으뜸가는 것은 수업 용어가 아이들에게 너무 어렵다는 점입니다. 참관할 때마다 '어휘력이 좋은 아이는 이해하겠지만, 그 밖의 절대 다수의 아이는 교사가 하는 말을 알아듣지 못하고 있겠구나!' 하는 걱정이 들곤 합니다. 이런 걱정은 필자가 이와 비슷한 체험을 직접하고 난 후부터 더 깊어졌습니다.

몇 해 전의 일입니다. 필자는 어느 호텔에서 하룻밤을 유숙하게 되었습니다. 저녁 식사 후 산책하기 위하여 호텔 프론트로 내려왔는데 내과 의사들의 세미나가 열린다는 안내

문이 눈에 띄었습니다.

의사들의 세미나는 어떻게 이루어지는지 호기심이 났습니다. 세미나가 열리는 곳을 찾아 들어가려고 하니 의사가 아니면 들어갈 수 없다고 하기에, 필자의 신원을 밝히고, 청강할 수 있도록 허락해 달라고 사정사정하여 겨우 뒷자리 하나를 얻어 들을 수 있었습니다.

그런데 발표가 시작되었는데 발표자가 무슨 말을 하고 있는지 거의 알 수 없었습니다. 의료계에서 쓰이는 전문 용어로 발표하기 때문이었습니다. '그리고', '그러나'와 같은 접속사나 '하였습니다' 하는 어미 외에는 거의 알아들을 수 없었습니다. 그래서 필자는 더 이상 알아들으려는 노력을 하지 않게 되었습니다.

문제는 그대로 앉아 있자니 괴로울 뿐 아니라 시간도 아깝고 하여 퇴장할까 생각이 들었다는 점이었습니다. 그러나 강의 도중에 퇴장하는 결례를 범해서는 안 될 뿐만 아니라 들어올 때 그렇게 사정사정하고 들어 온 일을 생각하여 참고 앉아 있는데, 문득 그 동안 참관하였던 수업들이 떠올랐습니다. 이처럼 필자는 교사가 하는 말을 알아듣지 못하고, 그래서 아예 알아들으려 하지 않은 체 무료하게 시간을 보내고 있는 아이들의 고통을 의사들의 세미나를 통해 체험할 수 있었습니다.

필자에게도 30분이 그토록 지루하고 고통스러웠는데 아이들은 한 두 시간도 아니요 하루 이틀도 아닌 날마다, 알아듣지 못하는 수업 용어로 인하여 제대로 학습하지 못한 체 무료하게 앉아 있어야 하는 고통을 겪고 있습니다. 그래서 아이들은 수업 용어로 인하여, 괴로움과 함께 학습을 불완전하게 하거나 학습에 실패함으로써, B군으로 만들어지고 있습니다.

수업 용어의 지도와 사용 방법

교사들은 아이들에게 알맞은 용어를 사용하려고 노력하지만, 무의식중에 전문 용어나 추상어, 개념어를 사용하고 있는 것이 보통입니다. 교사와 일부 아이에게는 쉬운 말이지만 그 말을 알아듣지 못하는 아이가 다수 있습니다.

필자는 수업을 참관할 때에는 교사와 함께 아이들의 표정을 비롯한 움직임을 살펴야 하므로 햇빛이 들어오는 운동장 쪽 창가에 자리 잡곤 합니다. 최근에 참관한 어느 3학년 수업에서 교사는 수업의 키워드인 '예술인'이라는 말을 여러 차례 사용했지만, 아이들의 표정으로 봐서는 어떤 사람을 말하는지 알아듣지 못하는 아이가 다수 있는 것 같이 보였습니다. 수업이 끝난 뒤에 필자 주변에 있는 다수의 아이들에게 '예술인'이 어떤 일을 하는 사람인가를 물어보았는데, 제대로 알고 있는 아이가 없었습니다.

필자는 수업에서 사용하는 키워드는 처음으로 사용하는 때에, 다음과 같은 방법으로 지도가 이루어져야 하며 수업 중에 되풀이하여 지도하고 사용해야 한다고 생각합니다. '예술인'을 예로 들겠습니다.

우선 "예술인이란 무엇을 하는 사람을 말합니까?" 하고 전원에게 물음을 던집니다. 교사의 가르침 곧 설명을 듣기 전에 아이들로 하여금, 일단 생각하여 보도록 하는 것입니다. 알면 아는 대로, 모르면 모르는 대로 일단 각자 자기 나름으로 생각해 보고자 함입니다. 이를 통해 아이들은 '예술인이란 무엇을 하는 사람일까?' 하는 문제의식을 갖게 됩니다.

[보기1]

예술인…소설가, 시인, 화가, 음악가 등

그리고 칠판의 적당한 위치에 [보기 1]과 같이 판서하며, '예술인이란 소설을 짓는 소설가, 시를 짓는 시인, 그림을 그리는 화가, 음악을 하는 음악가와 같은 사람들을 가리켜 하는 말임을 설명하여 줍니다. 이 말을 사용할 때마다 판서를 가리키며 "예술인 곧 소설가, 시인, 화가, 음악가 등이~"와 같이 키워드와 뜻을 함께 말합니다. 또한 이 말을 사용할 때는 뜻을 먼저 말하고 키워드를 뒤에 말하는 등 변화를 주어 되풀이하여 지도합니다.

아이들 가운데는 한 번의 설명으로 충분한 아이가 있는가 하면, 되풀이해야만 '소화된 자기 말'이 되는 아이도 있습니다. 하나의 수업에서 학습을 제대로 수행함에 있어 주요한 말, 곧 키워드는 위와 같은 방법으로 한 명도 예외 없이, 전원이 소화된 자기 말이 되도록 교사는 지도에 만전을 기해야 한다고 생각합니다. 키워드의 이해 여부가 A · B군 중 어느 군(群)에 속하게 할 것인가를 결정하는 분수령이 되기 때문입니다.

교과서에서는 이 용어 지도에 유의하도록 하기 위해서 사회과에서는 '주요 용어', 과학과에서는 '학습 용어'라는 표현을 사용하여 주요한 학습 용어를 글의 처음에 간추려 놓고 있습니다. 교과서에 잘 설명해 놓고 있지만, 내용을 읽어보면 그 밖에도 아이들이 이해하기 어려울 것으로 생각되는 말이 있습니다. 그러므로 주요한 학습 용어 지도에 항상 유의해야겠습니다.

그런데 수업에서 이른바 어려운 말을 사용함으로 인해 많은 아이가 부진아로 만들어지고 있다면, '어려운 말 대신 그들이 알아듣기 쉬운 말을 사용하면 되지 않는가' 하는 생각을 할 수 있습니다. 그러나 어려운 말 대신 쉬운 말을 사용할 경우 사고의 핵이 되는 추상어와 개념어를 배울 수 없게 되므로, 이는 학교가 할 일이 아닙니다.

수업이란 '아이로 하여금 사고하게 함으로써 사고력을 기르는 일'입니다. 사고력을 기르기 위해서는 아이들이 부단히 사고해야만 하는데, 사고하기 위해서는 어려운 말, 곧 추상어나 개념어를 많이 알고 있어야 합니다.

수업 용어와 관련하여 추가로 유의할 점은 '이것, 저것, 그것' 등의 대명사 사용과 말의 속도 및 성량에 관한 부분입니다.

우선 대명사를 너무 자주 사용하게 되면, '그것'이 무엇을 말하는지 구별하지 못하는 경우가 많습니다. 따라서 대명사를 남용할 일이 아니며, 사용할 시는 그것이 무엇을 말하는지를 알기 쉽도록 지도하며 사용해야 하겠습니다.

그리고 말의 속도와 크기, 곧 성량도 유의해야 할 일입니다. 이건 말이 너무 빠른 경우가 문제인데, 평소 습관대로 무의식 중에 너무 빨리 말하는 교사가 있습니다. 이 또한 아이들이 알아듣지 못하여 결국은 보통의 아이들을 B군으로 만드는 요인 중 하나가 됩니다. 교사의 말소리가 너무 작아서 뒤쪽의 아이들이 귀를 기울이며 듣고 있는 모습을 볼 수 있는데 이런 목소리의 크기 부분도 신경써야 합니다.

이렇듯 교사의 작은 부주의들로 인해 아이들이 불필요한 일에 신경을 소모하게 해서는 안 되겠습니다. J. S. 브루너* 는 '어떤 교재라도 지적으로 올바른 형식으로 표현하면, 어떤 아이에게도 지적으로 올바르게 가르칠 수 있다'고 말하였습니다. 교사의 말을 알아듣지 못하여 학습을 제대로 하지 못하는 아이를 만들어내지 않기를 기원합니다.

※ J. S. 브루너 지음/이홍우 옮김(1973), 교육(敎育)의 과정(過程), 배영사. 102p.

17
지시한 대로 행했는가를 확인한다

해결해야 할 수업의 문제점
– 지시만 하고 확인하지 않는다

A·B 양군화의 주범은 큰 문제만이 아니라, 눈에 띄지 않는 작은 문제에도 있기 마련입니다. 그 작은 문제 중 하나로 지시해 놓고 아이들이 지시한 대로 행하였는가를 확인하지 않은 채 다음 수업을 진행하는 일을 꼽을 수 있습니다. 이 일이 자칫 작은 일로 느껴질는지 모르지만 결코 그렇지 않으며, 의외로 큰 부정적 효과를 초래한다는 점이 임상적으로 확인되고 있습니다.

교사의 지시는 학습을 제대로 함에 있어 아이 각자가 행해야 하는 불가결한 작업이나 사고(思考)입니다. 그런데 그것을 지시대로 행하지 않았을 때는 다음 학습을 제대로 하기 위한 필수적인 학습요소가 결손이 되어 다음 학습을 제대로 하기 어렵게 됩니다. 지시대로 행하지 않는 것은 곧 학습의 궤도를 벗어나 낙오자의 길로 들어선 것이며, 결국은 B군의 함정으로 빠지게 됩니다.

비근한 예를 하나 들어 보겠습니다.

외나무다리에서 싸우다가 깊은 냇물에 함께 빠져버렸다는 우화 〈두 마리의 염소〉를 다룬 3학년 국어과 공개 수업 때의 일입니다. "흰 염소도 검은 염소도 고집쟁이지만, 둘 중에서 누가 더 고집이 셉니까?"라고 발문하고, "누가 더 고집쟁이인가를 판단하고, 그렇게 판단한 근거가 되는 글에다 밑줄을 치세요"라고 지시했습니다.

필자는 '두 마리가 똑같이 고집쟁이지만 일부러 그렇게 발문함으로써 교재 글을 깊이 읽도록 하기 위하여 던진 발문'으로 생각되어, 매우 좋은 발문이라는 기대를 가지고 수업 진행을 지켜보았습니다.

교사는 그렇게 지시하고 궤간을 순회하였습니다.

이윽고 발표하도록 지시하였으며, 거수한 아이 중에서 지명 받은 아이들이 발표하였습니다.

그러나 기대를 가지고 지켜보던 필자는 실망했습니다.

각자가 판단한 결과를 뒷받침하는 글에 밑줄을 친 아이가 절반도 채 되지 않는 듯했습니다. 그리고 어느 쪽이 더 고집쟁이인가를 판단하여 '자기 나름의 생각'을 갖게 된 아이가 몇이나 되는지 알 수 없었으며, 밑줄 친 상황으로 미루어 그 수가 절반이 되지 않은 듯 하였습니다.

  이는 교사의 지시를 받아 행했는가의 여부는 확인하지 아니한 채, 지시에 따른 아이만을 데리고 수업이 진행되고 있는 것입니다. 제대로라면, 정해준 시간이 지난 뒤에 우선 누가 더 고집쟁이인가(흰 염소다, 검은 염소다, 둘이 똑같다)를 판단하여 기록하게 한 후, 그 여부를 확인하여야 합니다. 짝꿍끼리 서로 확인하여 지시대로 행해져 있을 때는, 둘이서 거수하게 하여 교사는 그것을 인정하는 사인을 보내면 됩니다. 오랫동안 거수하지 못하는 아이가 있으면, 잠시 기다려주면 그 아이는 서둘러 행하게 될 것입니다.

  그런 뒤에 '밑줄을 쳤는가'를 같은 요령으로 확인합니다. 이때의 확인 사항은 이른바 '정답'이 아닙니다. 교사가 지시한 대로 밑줄을 쳤는가의 여부만을 확인하는 것입니다. 아직 행하지 않은 아이가 있을 땐, 역시 조금 기다려야 합니다. 그렇게 기다리는 동안 이미 지시대로 행한 아이는 자신이 행한 결과를 검토하도록 습관화시켜야 합니다. 지시한 대로 행하였으면 역시 짝꿍끼리 거수하도록 하여, 전원이 지시한 대로 행하였음을 확인한 후, 다음으로 나아가야 합니다.

위에서 본 3학년 수업은 이러한 류의 어떤 확인도 없는 채, 지시대로 행한 아이들만을 상대로 수업이 이어졌습니다. 당연히 제대로 학습한 일부의 A군과 당해 학습을 불완전하게 하거나 실패한 다수의 B군을 만들어내고 말았습니다.

'확인하기'는 보기에 따라 아주 작은 교사의 수업 행위 같지만 이렇게 큰 부정적인 효과를 낳고 있음을 알 수 있습니다.

행하였는지 여부를 확인하는 기술

여기에서 '확인한다' 함은 '반드시 정답을 썼는가'의 여부를 확인하는 일이 아님은 앞에서 이미 살펴보았습니다. 정·오를 가리지 않고, 우선 지시한 행위 그 자체를 행하였는가의 여부를 확인하는 것입니다. 물론 지시한 행위를 행하였는가와 그 결과가 옳은가의 여부를 동시에 확인하는 경우도 있습니다.

이제 확인하는 기술 몇 가지를 알아보기로 하겠습니다.

예컨대 글의 한 구절을 교사가 시범 독하여, 각자로 하여금 그대로 모방하여 읽도록 연습시킨 뒤에, 전원을 일어서게 하여 읽게 합니다.

그리고 교사의 시범 독대로 읽었는가를 스스로 평가하여, 합격점이라고 생각하면 자리에 앉도록 합니다.

이웃이나 교사가 일일이 확인하지 않더라도 스스로 확인하는 습관을 형성하도록 도와줘야 합니다. 이러한 자기 확인과 관련하여 필자의 체험 하나를 소개하고자 합니다. 필자가 교장으로 승진된 1985년에 일본 도쿄에 소재하는 쓰쿠바 대학교 부속초등학교에서 수업기술을 공부한 적이 있었는데, 그곳에서 본 일입니다.

당시 우리나라에서는 '화장실 청소를 굳이 아이들에게 시켜야 하는가'에 대한 논란이 있었기에, 이 학교에서는 화장실 청소를 누가 어떻게 하는지가 궁금하여 청소 시간에 화장실에 가보았습니다. 당시 이 학교는 청소를 패밀리 활동(모든 청소 구역에 1~6학년의 몇 명씩이 한 조가 되어 청소하는)의 일환으로 하고 있었으므로, 저학년은 소변기를, 고학년은 대변기를 하나씩 맡아서 청소하고 있었습니다. 모두 고무장

갑을 끼고 손걸레로 변기를 닦고 있었습니다.

잘 보니 모두 변기에 코를 가까이 하여 냄새를 맡으면서 닦고 있었습니다.

어찌하여 그렇게 하는지 소변기를 닦고 있는 3학년 아이에게 물어보았습니다. 오물이 없어야 함은 물론 냄새가 나지 않아야 청소를 제대로 했다고 할 수 있으므로 그렇게 한다는 대답이었습니다.

'누군가가 있어서 청소 후에 냄새가 나는지 여부까지 점검을 하는구나' 하는 생각으로 "누가 검사하느냐?" 하고 물었습니다. 그런데 그 3학년인 아이는 손가락으로 자신의 가슴을 가리키며, "내 마음이"라고 답하였습니다. 자기의 마음이 자신이 청소를 제대로 했는가를 확인한다는 것입니다.

깜짝 놀라지 않을 수 없었습니다. 어느 정도로 청소가 이루어졌을 때 '잘했다'라고 수락되는 이른바 수락 기준, 곧 확인 기준이 아이 각자의 가슴 속에 있는 상황이었습니다. 이는 자기 행동의 결과를 자기 마음속에 있는 수락 기준에 비추어 확인(평가)하는 것입니다. 이처럼 아이 각자로 하여금 자신이 행한 행동의 결과를 스스로 확인하도록 함이 우리가 바라는 이상일 것입니다.

2. 이웃하는 짝꿍끼리 지시된 대로 행했는가의 여부를 상호 확인하기

예컨대 발문에 대해서는 언제나 반드시 전원이 '자기 나름의 생각'을 마련하여 기록하게 되어 있습니다. 그것을 행했는가를 짝꿍끼리 확인합니다.

기록되어 있음을 서로 확인하였으면, 둘이서 거수하고 교사는 그것을 칭찬하는 사인을 보냅니다.

어느 한쪽이 마치지 못하였으면 기다려주고, 필요에 따라 가르쳐 주어, 기록할 수 있도록 한 후에 둘이서 함께 거수합니다. 늦어지는 아이는 지시된 대로 행하지 않은 자신으로 인해 짝꿍이 거수하지 못하고 있음을 보고 태연할 수 없을 것입니다. 서둘러 지시된 대로 행하려 할 것이며, 생각이 떠오르지 않을 때는 짝꿍으로부터 가르침을 받아 해답하려고 노력하게 될 것입니다.

셋째, 교사가 확인하는 것입니다.

그 첫 번째 방법으로 어느 교실에서나 흔히 이루어지고 있는 궤간순회가 있습니다. 궤간순회의 효과를 걱정하여 흔히 '궤간 산보'라고 비꼬는 말도 있지만 제대로 하면 그 효과가 적지 않음을 경험을 통해서 터득했습니다.

두 번째 방법은 어떤 과제를 주고, 그것을 마치면 교사에게로 가져오게 하여 개별로 확인하는 방법입니다. 예컨대 여러 장의 지층 사진을 칠판에 붙여 두고, "공통점이 많지만 한 가지만 찾아서 쓰세요. 썼으면 선생님께 가져오세요"라고 지시합니다. 한 가지만 찾으라 했으므로 누구나 찾을 수 있습니다.

가지고 나오면 확인하고 빨강 색연필로 동그라미를 크게 그려주며, "한 가지 더 찾아보자"라고 권합니다. 이 아이는 콧노래 부르며 돌아가 두 번째 공통점을 찾을 것입니다.

3. 학급 아이 총수와 맞는가를 확인하기

예컨대 아이들의 의견이 결국 ㉮, ㉯의 두 가지로 대립된 상황입니다. ㉮, ㉯의 지지자 수를 조사하였습니다. 이때 ㉮, ㉯의 인원수의 합이 총수와 같은가를 확인하여야 합니다. 실 구멍이 큰 제방을 무너뜨리듯이 이런 부분에서 생긴 틈이 A·B양군화의 요인이 되기 때문입니다.

요컨대, 일단 뭔가를 행하도록 지시하였으면, 각자가 지시한 대로 행했는가의 여부를 확인하는 일을 작고 가벼운 일로 여기거나, 시간이 없다는 이유 등으로 소홀히 다룸으로써 지적 장애가 없는 보통의 아이들을 A·B 양군으로 분열시키는 함정이 만들어집니다.

이렇게 확인하는 일을 통해 다음과 같은 이득을 얻을 수 있습니다.

첫째, 전원으로 하여금, 지시한 대로 행하지 않을 수 없도록 하는 장치의 하나입니다.

둘째, 지시한 대로 행한 아이들을 인정하고 칭찬하는 일입니다.

셋째, 결과적으로 A·B 양군화를 예방합니다.

III

수업의 실제

모두가 참여하는 수업의 전개

 본 수업은 전라남도 목포시에 소재하는 목포 산정초등학교 4학년 한 학급 24명을 대상으로 이루어졌습니다.

 본 학급의 담임교사는 필자와 함께 수업기술을 실천적으로 모색하고 있어서, 이 수업에서 사용된 학습 방법은 평소 수업에서 이미 지도되어 있었습니다. 다음 수업 기록을 읽는 데 도움이 되도록 그 두 가지 방법을 미리 소개하겠습니다.

 ① 아이들은 발문에 대하여 교사의 머릿속에 있는 정답을 생각하는 것이 아니라 하나하나 아이 각자의 생각을 마련하여 노트하고, 그것을 짝꿍끼리 보여주고, 필요에 따라서는 짝꿍의 생각에서 배워 자신의 생각을 고쳐 쓰기도 합니다.

 ② 노트한 각자의 생각은 전원이 동시에 발표합니다.

포스트잇에 의한 전원 동시 발표이며 이 발표의 구체적인 방법에 대해서는 본 수업 기록에서 설명하겠습니다.

교재

본 수업에서 활용된 교재는 〈피부가 하는 일〉이라는 제목의 설명문으로 다음이 그 전문입니다.

피부가 하는 일

여러분은 피부가 어떤 일을 하는지 생각하여 본 일이 있습니까?

바느질을 할 때 실수하여 바늘에 찔리면 '앗 아파!' 하고 느낍니다. 얼음이 닿으면 차다는 것을 느끼며, 뭔가가 닿으면 닿았다는 것을 느낍니다. 또 훨훨 불타고 있는 난로에 손이 닿으면 '앗! 뜨거워!' 하고 느낍니다.

이와 같이 피부에는 외부로부터 여러 가지 자극을 알아차리는 능력이 있습니다.

피부는 우리의 생명을 지켜주는 아주 예민한 파수병이라는 사실을 새삼스럽게 알았습니다.

수업 기록

　· 수업일 : 2013년 11월 6일 수요일

　· 대　상 : 목포 산정초등학교 4학년 1반(24명)

　· 수업자 : 한형식

목표

1. 설명문은 몇 개의 문단으로 이루어짐을 안다.

2. 몇 개의 문단은 배열이 제대로 되었을 때(어떤 질서에 의하여 배열되었을 때) 지은이의 주장이 제대로 전달됨을 이해한다.

기호

　· T … 교사

　· C … 아이(C숫자 … 개인, Cp … 일부의 아이, Cn … 전원)

　· T나 C의 기록에 ( )가 있는 경우 … T나 C가 행한 행동

　· T나 C의 기록에 ( )가 없는 경우 … T나 C가 행한 말

수업의 흐름 및 해설

[해설 1]

아이들과는 수업 전에 약 10분 동안 첫 만남 인사를
나누었기 때문에 바로 수업으로 진입하였습니다.

T_1 전원 일어서세요. 각자의 최고의 실력을 발휘하여 개별
음독을 합니다. 음독을 마친 차례로 앉아서 음독합니다.

Cn (전원이 착석한다)

T_2 피부가 하는 일이 무엇인지를 생각하며 일제히 음독을
합니다.

C_2 (음독이 끝나자) 글이 이상해요.

Cp 글의 순서가 이상한 것 같아요?

[해설 2]

본 수업의 교재(여섯 개의 문단으로 된 '피부가 하는
일'은 앞에 제시해 놓은 바와 같습니다만 아이들에게

배부한 교재는 여섯 개의 문단의 배열순서를 다음과 같이 뒤바꿔 놓은 글이었습니다.

㉮ 이와 같이 피부에는 외부로부터 여러 가지 자극을 알아차리는 능력이 있습니다.

㉯ 바느질을 할 때 실수하여 바늘에 찔리면 '앗! 아파!' 하고 느낍니다.

㉰ 피부는 우리의 생명을 지켜 주는 아주 예민한 파수병이라는 사실을 새삼스럽게 알았습니다.

㉱ 또 훨훨 불타고 있는 난로에 손이 닿으면 '앗! 뜨거워!' 하고 느낍니다.

㉲ 얼음이 닿으면 차다는 것을 느끼며, 뭔가가 닿으면 닿았다는 것을 느낍니다.

㉳ 여러분은 피부가 어떤 일을 하는지 생각하여 본 일이 있습니까?

위와 같이 문단의 배열순서를 일부러 뒤바꾸어 놓은 이유는 읽으면서, 또는 읽은 후에 '아! 이상하다?'라는 문제의식을 내발케 하려는 장치입니다.

T₃ 정말 글의 순서가 이상합니까? 그렇게 생각하는 사람은 손들어 보세요.

Cn (손을 든다)

T₄ 그렇습니다. (한 손을 머리에 얹으며) 슬기로운 내 머리! (선창하고) 표에 동그라미를 하나 그려 넣읍시다.

Cn (한 손을 머리에 얹어 다독이며 '슬기로운 내 머리'라고 말하며 '슬기로운 내 머리 표'에다 동그라미를 하나씩 그린다)

[해설 3]

교사가 한 손을 머리에 얹고 '슬기로운 내 머리!'라고 선창하면서 '동그라미를 하나 그려 넣읍시다'라고 말하면 해당되는 아이들이 교사와 함께 한 손을 머리에 얹어 다독이면서 '슬기로운 내 머리'라고 스스로의 머리를 칭찬하고 표의 한 칸에다 ○를 하나 그려 넣습니다.

이것은 발문에 대하여 자기 나름의 생각을 마련하여 기록했을 때를 비롯하여, 어떤 내용이든 사고를 필요로 하는 학습과 유관한 행위를 하면 그만큼 뇌세포가

활동하게 되고 그럼으로써 더욱 슬기로워진다는 뇌과
학이 밝힌 사실에 따라 필자가 마련한 방법입니다.

그때마다 ○ 하나씩을 책상의 우측 상단에 마련되어
있는 10cm×3cm 크기의 아래와 같은 표에 그려 넣음
으로써 자신의 뇌가 슬기로워졌음을 자신의 눈으로
보고 확인하게끔 하기 위한 장치입니다.

월 일 요일			나는 노력 끝에 이만큼 슬기로워지고 있다.	이름	
					오늘 얼마나 슬기로워졌나?

T₅ 글의 순서가 이상하다고 생각할 수 있는 근거가 되는 말
이 ㉮문단에 있습니다. 그 말을 찾아 밑줄을 칩시다.

[해설 4]
수업의 첫머리에서부터 응답에 실패하는 아이가 없도
록 하기 위하여 물음에 대한 답을 생각함에 필요한 정

보(답이 ㉮문단에 있다는)를 줬습니다. 사고의 범위
를 ㉮문단으로 한정하여 줌으로써 사고하기가 쉬울
것입니다.

T₆ 밑줄을 쳤는지를 짝꿍끼리 확인합시다. 확인했으면 두
사람이 함께 손을 들고, 선생님과 눈을 맞춘 후에 손을 내립
니다.

[해설 5]
지시의 대상은 일부 아이들이 아니라 전원이 행하도
록 지시한 것이므로 지시한 후에 지시한 대로 행했는
가를 확인해야 합니다. 확인하지 않으면 지시된 일을
행하지 않는 아이가 있을 수 있기 때문입니다. 이때
유의할 일은 답이 맞았는가를 확인하는 것이 아니라
그것과 상관없이 지시한 행위를 행했는가의 여부를
확인하는 일입니다.

T₇ '이와 같이'에 밑줄 쳤으면 손드세요. (한 손을 머리에 얹고) 슬기로운 머리! (선창하고) 표에 동그라미를 하나 그려 넣읍시다.

T₈ 다른 문단을 보지 않더라도 이 글의 첫 문단의 맨 앞에 '이와 같이'라는 이어주는 말이 나와 있는 것만 보아도 이 글은 문단의 배열순서가 잘못되어 있음을 알 수 있습니다.

T₉ ('이와 같이'를 판서한다) '이와 같이'라는 이어주는 말이 첫째 문단의 머리에 나와서는 안 되는 까닭을 짝꿍끼리 이야기 나누세요.

Cn (짝꿍끼리 이야기 나눈다)

T₁₀ ('이와 같이'라는 이어주는 말의 구실을 설명하고 그러므로 그것이 이 글의 첫째 문단의 첫머리에 나와 있는 것은 잘못임을

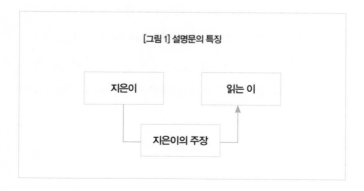

[그림 1] 설명문의 특징

지은이

읽는 이

지은이의 주장

지적, 설명하고 따라서 이 글은 아이들이 발견한 것처럼 문단의 배열순서가 잘못되어 있음을 설명해 준다)

T_{11} (아이들이 이야기를 나누고 있는 동안에 칠판의 좌 상단에 ([그림 1])과 같이 판서하고 미리 준비한 카드를 붙인다)

T_{12} 이런 글을 (   )문이라고 합니까?

Cp 설명문입니다.

T_{13} '나도 설명문이다'라고 생각했던 사람은 손드세요. (머리에 손을 얹고) 슬기로운 내 머리…, 동그라미 하나 그려 넣으세요.

[해설 6]
교사가 발문하고 지명 받은 아이가 이른바 정답을 발표했을 때 발표한 아이를 칭찬하곤 하는데, 이때 발표된 내용과 똑같은 의견을 가졌던 아이들이 있을 겁니다. 이 아이들은 '나도 그렇게 생각했었지만, 지명해 주지 않았기 때문에 발표하지 못했는데'라는 섭섭한 생각을 하게 되는 것이 인지상정입니다. 비록 발표는 하지 아니했다 하더라도 같은 생각을 하고 있었다면 당연히 발표한 아이와 똑같은 처우를 받아야 할 것입

니다.

이래서 T₁₃과 같이 그들을 거수하게 하여 그들 모두를 똑같이 '슬기로운 내 머리'를 해 줍니다. 사고함으로써 그만큼 슬기로워졌음을 인정해줌과 함께 칭찬해 주는 것입니다.

T_{14} (판서되어 있는 설명문의 특징을 가리키며) 설명문은 지은이가 읽는 이에게 꼭 전하고 싶은 말, 곧 주장이 있어서 쓴 글입니다. 그러므로 읽는 이가 잘 알 수 있도록 글을 써야 합니다. 그렇게 하려면 첫째, 몇 개의 문단을 마련하여야 하고 둘째, 그것들을 순서에 맞게 배열해야 합니다. 그런데 이 글은 여섯 개의 문단을 마련하는 일은 잘하였는데 그 배열은 매우 잘못되어 있습니다. 그래서 지은이의 주장이 읽는 이에게 제대로 전달되기 어렵습니다.

그러므로 설명문에서 문단을 배열하는 일은 매우 중요한 일입니다. 그것을 발견해 낸 여러분은 국어 공부의 실력자들입니다. 그러면 지금부터 문단의 배열이 잘못되어 있는 이 설명문의 문단을 올바르게 배열하는 궁리를 합시다(말하며 학습문제를 판서한다).

[학습문제]

지은이의 주장이 읽는 이에게 제대로 전달될 수 있도록 문단을 올바르게 배열하는 궁리를 합시다.

Cn (학습문제를 노트한다)

[해설 7]

아이들 각자가 배부된 글의 순서가 잘못되어 있음을 발견하고 이대로는 지은이의 주장이 읽는 이에게 제대로 전달되기 어렵다는 문제의식을 가졌습니다. 따라서 이 시점에서의 학습문제의 제시는 전원으로 하여금 학습문제를 파악하게 하고 궁리해야 하는 필연성을 인식하게 함에 있어 적절하다고 생각됩니다.

T$_{15}$ 그러면 가위로 이 여섯 개의 문단을 자릅시다(시범으로 보여준다). 잘린 여섯 개의 문단을 책상 위에 올바른 순서로

배열하세요.

Cn (여섯 조각으로 자른다)

[해설 8]

문단의 배열순서를 일부러 뒤바꾸어 놓은 글을 주어, 그 배열순서가 '잘못되어 있는 것 같다'는 문제의식을 가지게 하면 그 상황을 확인하기 위해서 다시 한 번 읽게 됩니다. 그렇게 함으로써 잘못되어 있음을 확인 하게 될 것이라는 예상대로 전원으로 하여금 똑같은, 그리고 강한 문제의식을 갖게 할 수 있었습니다.

그런 뒤에 문단별로 가위로 자르는 작업을 하게 하였 는데 이 또한 하나의 열외자도 없이 전원이 진지하게 작업함을 볼 수 있었습니다. 가위라는 구체물을 조작 하면서 하는 작업이 만드는 높은 집중도를 새삼스럽 게 느끼게 만드는 장면이었습니다.

T_{16} (자르는 작업이 끝났음을 확인하고) 가위를 책상 속에 넣 으세요. (확인하고) 기호 ㉙문단을 찾으세요. (전원이 찾았음

을 확인하고) ㉕문단이 이 설명문의 첫 문단입니다. ㉕문단을
맨 처음에 놓으세요.

[해설 9]
첫째 문단을 가르쳐 주었습니다. 일부의 아이들에게
는 이것을 가르쳐 줄 필요가 없습니다만 절대다수의
여타의 아이들에게는 첫 문단을 가르쳐 줌으로써 작
업의 요령을 터득하게 될 것으로 생각했습니다. 당
면한 문제를 해결하게끔 하기 위해 필요 최소한의 지
식·정보 그리고 방법·자료를 가르쳐 줌으로써 문제
의 난이도가 전원에게 알맞게 되어 문제 해결에의 의
욕이 내발될 것입니다.
사람은 누구나 당면한 문제의 해결 가능성의 확률이
50%쯤일 때 도전의욕이 촉발된다는 걸 기억해 봅시다.

T$_{17}$ (첫째 문단인 '㉕문단'을 전원이 찾아 놓았음을 확인하고)
그럼 나머지 다섯 개의 문단을 올바른 순서로 배열합시다.
　그 일을 함에 있어 먼저 다섯 개의 문단 가운데에서 제일

끝이 될 문단을 찾아 놓으세요(지시하고 궤간 순회한다).

T₁₈ (대부분의 아이들이 끝 문단은 ㉯문단임을 판단하고 제대로 찾아놓았으나, 소수의 아이들은 잘못 판단하고 있음을 파악하였다. 이대로 놓아두면 이들은 끝내 끝 문단을 제대로 찾지 못하고, 그로 인하여 그 밖의 문단들의 배열도 실패하게 될 것이 확실하다. 따라서 여기에서 끝 문단이 ㉯문단임을 가르쳐 줌으로써 그들을 도왔다)

이로써 첫째 문단은 ㉮문단이며, 끝 문단은 ㉯문단임을 알았습니다. 이 두 문단 사이에 네 개의 문단을 배열하면 됩니다. 어떤 차례로 배열해야 할까 궁리합시다.

Cn (가운데 네 문단의 배열 작업을 한다)

[해설 10]
지적 장애가 없는 보통의 아이는 누구나 교육과정이 요구하는 최소한이며 공통 필수의 학습 내용을 제대로 학습할 수 있음을 사계의 권위자들은 이구동성으로 말하고 있습니다. 이것은 소망 사항이 아니고 이미 수업이라는 사실 속에서 실천적 임상적으로 검증된

사실입니다.

그런데 이 말에 대해선 조금 설명이 필요합니다. 이들 보통 아이들의 모든 조건이 똑같다는 말은 아니기 때문입니다.

① 당면한 문제를 해결하려면 최소한의 지식이나 정보를 가지고 있어야 합니다. 그런데 각자가 가지고 있는 지식이나 정보의 질과 양이 똑같지 않습니다.

② 시간이라는 조건을 놓고 보면, 어떤 하나의 문제를 해결하는데 소요되는 시간이 똑같지 않습니다. 빠른 아이가 있는가 하면 그보다 더 시간이 필요한 아이가 있습니다.

③ 교사가 해 주는 설명의 경우 교사가 사용하는 어휘. 구체성 등에 따라 이해의 수준에 개인차가 있습니다. 한 번에 알아듣는가 하면, 두 번 세 번 되풀이하여야 알아듣는 등 개인차가 있습니다.

이와 같이 각자가 가지고 있는 학습력은 똑같지 않습니다.

그럼에도 불구하고 이들을 똑같은 방법으로 가르친다

면 제대로 학습하는 아이와 불완전하게 학습하거나, 학습에 실패하는 아이들로 분열될 수밖에 없습니다. 전원을 똑같은 하나의 방법으로 가르쳐서는 안 되는 까닭이 여기에 있다 하겠습니다.

우리나라 교육의 지난 70여 년 동안 이 문제에 착안하여, 이에 대응하려는 시도가 없었던 것은 아니었습니다. 그러나 뜻있는 연구 교사들이 각자 시도하였을 뿐, 어떤 것도 일반화되지는 못하였습니다. 연구하는 일이 수입(收入), 경쟁, 신상 등 어떤 것과도 무관한 일일 뿐 아니라 지극히 어려운 일이기 때문이 아니었을까 생각해 봅니다.

이에 대한 연구의 부진 현상과 요인은 지금도 변함이 없습니다. 그러나 다른 급 학교와 달리 아이의 미래 운명을 영락없이 결정지어 버리는 초등학교 교육을 하고 있는 우리로서는 어려움이 있더라도 재고해봐야 하지 않을까 생각합니다.

그래서 아이의 미래와 밀접하게 관련되는, 다시 말하면 전이력이 큰 학습 내용에 대하여는 아이 각자의 필요와 요구에 맞는 방법으로 가르쳐야 합니다. 그럼으로써 보통의 아이 전원이 최소한이며 공통 필수인 학습 내용의 학습만은 보장해야 한다고 생각합니다. 그렇게 하려면 방법·기술이 필요한데, 이 수업 기록의 T16~T18에서 그 한 가지 방법을 적용한 것입니다.

아이들에게 일단 끝 문장을 찾으라고 지시하였습니다. 그런데 궤간 순회를 통해서 일부의 아이들이 찾지 못하고 있음을 발견했습니다.

여기에서 아무런 대책 없이 수업이 진행되면 이들은 결국 학습에 실패하게 될 것입니다.

그래서 그들에게 끝 문단은 ㉱문단임을 가르쳐 줍니다. 그러면 이미 ㉱를 알아차려 가려놓은 아이들은 자신의 생각이 옳았음을 확인하게 되고, 그것을 집중적으로 생각하였으나 잘 못 찾은 아이들은 '나도 어쩐지 ㉱인 것 같다고 생각했었는데', '아! 듣고 보니 ㉱가 옳구나' 등의 생각을 하며 옳게 고쳐 배열할 것입니다.

드디어 미리 가르쳐준 첫째 문단 ㉲와 자력으로 찾았거나 가르침을 받아 알게 된 끝 문단 ㉱ 사이에 네 개의 문단을 배열하는 작업에 전원이 도전할 수 있게 된 것입니다.

본 수업에서는 가운데의 4개 문단의 배열 작업을 전원이 순조롭게 하였기 때문에 더 이상 가르쳐줄 필요가 없었습니다만, 자력으로 4개 문단의 배열을 시도하게 한 후에 제대로 배열하지 못한 아이가 있었다면 그중의 한 문단의 위치를 가르쳐 주고, 나머지 문단은 각자의 자력으로 배열하도록 하여야 할 것입니다.

이와 같이 보통의 아이들의 학습능력이 개인차에 즉응하게 처우하여야 한다고 생각합니다. 이와 관련하여 필자는 [그림 2]와 같이 생각하고 있기에 참고하여 주시기 바랍니다.

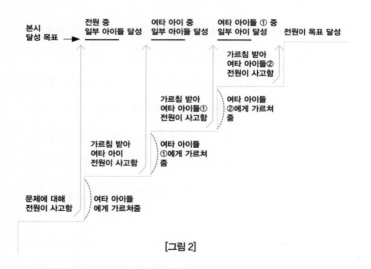

[그림 2]

T_{19} (아이들이 배열 작업을 끝냈음을 확인하고) 가지고 있는 (포스트잇을 보이면서) 가지고 있는 포스트잇에 책상 위에 배열해 놓은 순서대로 기호를 쓰시오.

Cn (포스트잇에다. 책상위에 배열해 놓은 문단의 배열순서를 기호를 쓴다)

T_{20} (아이들이 포스트잇에 배열순서를 기록하고 있는 사이에 칠판 하단을 세로 선으로 그어 8등분 하고, 모둠별 칸을 표시한다)

T_{21} (포스트잇에 전원이 기록하였음을 확인하고) 각 모둠의 ②번 아이들은 자기 모둠 칸에 배열한 순서를 판서하고, 그 밑에 포스트잇을 붙이세요.

C_{12} (각 모둠의 ②번이 포스트잇에 기록되어 있는 그대로 판서하고 그 밑에 포스트잇을 붙인다)

T_{22} 판서되어 있는 순서 가운데에서, 자기의 순서와 같은 것이 있는가 찾아보세요. 아무리 보아도 같은 것이 없는 사람은 나와서 보충 판서하세요.

C_{13} (보충 판서한 아이가 없다)

[해설 11]

각자 자기 나름대로 문단 배열을 마련하여 포스트잇

에다 그 순서를 기록해놓았습니다. 이와 같이 각자가 당면한 문제에 대한 자기 나름의 생각을 마련하였으면, 당연한 말이지만 발표하게 해야 합니다. 이때 일부의 아이가 아니라 전원이 동시에 발표하여야 합니다.

여기에서는 포스트잇을 사용하여 다음과 같은 방법으로 전원이 동시에 발표하도록 하였습니다. 각자가 문단 배열을 마친 시점에서, 각자로 하여금 배부되어 있는 포스트잇에다 책상 위에 배열해 놓은 문단의 배열 순서를 기호로 쓰게 하였습니다.

이어서 각 모둠의 ②번 아이로 하여금 칠판에 그려져 있는 소정의 칸에 각자의 포스트잇에 써놓은 배열순서를 판서하도록 하였습니다.

그리고 전원에게 판서되어 있는 순서와 각자의 순서를 비교하여 자신의 배열과 똑같은 배열이 있는지 비교 검토하도록 하게 했습니다. 그리고 다음과 같이 지시하였습니다.

"칠판을 아무리 살펴보아도 자신과 똑같은 배열이 없는 사람은 칠판으로 나가 보충 판서하세요."

이렇게 '보충 판서'하도록 하는 것은, 첫째는 전원의

생각이 판서되도록 하기 위함이며, 둘째는 전원이 전
원의 생각을 알도록 하기 위해서입니다.
이어지는 다음 활동을 할 때 각자가 전원의 생각을 알
고 있어야 할 필요가 절실하기 때문입니다.

T$_{23}$ (각 모둠의 ②번 아이 6명이 판서해 놓은 배열을 비교해 보
니 똑같은 것이 있어, 배열순서가 같은 것들끼리 통합해놓고 보
니 [그림 3]과 같이 3가지 배열이 되었다)

[그림 3]

Ⓐ	Ⓑ	Ⓒ
바	바	바
나	나	마
라	마	나
마	라	라
가	가	가
다	다	다

[해설 12]

문단의 배열순서에 대한 아이들의 생각은 [그림 3]과 같이 Ⓐ, Ⓑ, Ⓒ 세 가지로 정리되었습니다.

지은이의 생각 (주장)을 읽는 이에게 제대로 전달함에 있어 문단을 어떤 순서로 배열하는 것이 좋은가를 검토해야 합니다. 그러기 위해서는 Ⓐ, Ⓑ, Ⓒ의 세 가지 배열을 비교하여야 하는데, 기호만으로는 각 문단의 내용을 알 수 없어서 비교 검토하기가 어렵습니다. 그래서 각 문단의 기호뿐만 아니라 그 내용이 필요하게 되었습니다.

이를 대비하여 미리 준비해 놓은 자료(가로 54cm×세로 11cm의 긴 사각형의 용지에 내용을 써 놓은 자료)를 칠판에 [그림 4]와 같이 붙였습니다. 이렇게 함으로써 내용을 보면서 비교 검토하는 배열 작업을 할 수 있게 되었습니다.

[그림 4]

Ⓐ	
빠	－－－－
나	－－－－
라	－－－－
마	－－－－
가	－－－－
다	－－－－

Ⓑ	
빠	－－－－
나	－－－－
마	－－－－
라	－－－－
가	－－－－
다	－－－－

Ⓒ	
빠	－－－－
마	－－－－
나	－－－－
라	－－－－
가	－－－－
다	－－－－

※ 각 문단의 내용을 쓸만한 공간이 좁아서 글자를 대신하여 여기에서는 '－－－－'로 나타냈습니다.

T₂₄ 그러면 각자의 포스트잇에 씌어 있는 배열순서가 Ⓐ, Ⓑ, Ⓒ 세 가지 배열 중에 있는가를 살펴봅시다. 있는 사람은 손을 드세요(전원이 Ⓐ, Ⓑ, Ⓒ 중 어느 하나의 배열을 하고 있음은 이미 확인하였지만, 다시 한 번 확인한다).

Cn (전원이 거수한다)

T₂₅ 그러면 각자의 포스트잇을 자기와 똑같은 배열 밑에다 붙이세요.

T₂₆ (붙여진 포스트잇을 세어본다)

A ······ 6명	B ······ 8명	C ······ 10명

T₂₇ Ⓐ, Ⓑ, ⓒ 세 가지 배열의 어디가 다른가를 비교해 봅시다. 먼저 Ⓐ와 Ⓑ를 비교해 봅시다.

Cp (환, 맨의 위치만 서로 바뀌어 있음을 지적한다)

T₂₈ ([그림 5]와 같이 Ⓐ, Ⓑ의 환, 맨의 위치가 다름을 ✕선으로 나타낸다)

T₂₉ 다음은 Ⓑ와 ⓒ를 비교하여 보세요.

Cp (맨, 맨의 위치가 서로 바뀌어 있음을 지적한다)

T₃₀ ([그림 5]와 같이 Ⓑ, ⓒ의 맨, 맨의 위치가 다름을 ✕선으로 나타낸다)

[그림 5]

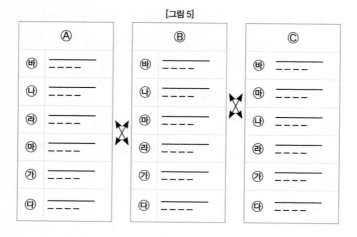

T$_{31}$ 그러면 Ⓐ, Ⓑ, Ⓒ의 세 배열 중에서, 아무리 생각해도 잘못된 배열 하나를 찾아보세요. ⊠표가 되어 있는 문단의 위치를 살펴보고 판단하세요. 그리고 각자가 결정한 후에 짝꿍끼리 이야기 나누세요.

Cn (각자가 검토하고 짝꿍끼리 이야기 나눈다)

T$_{32}$ (짝꿍끼리 이야기 나누기가 끝난 것을 확인하고) 그러면 묻겠습니다.

· C의 배열이 잘못됐다 · · · · · · · · · · · · · · ○명
· B의 배열이 잘못됐다 · · · · · · · · · · · · · · ○명
· A의 배열이 잘못됐다 · · · · · · · · · · · · · · (전원)

Cn (결과를 보고) 와!

[해설 13]
본 수업에서의 '짝꿍끼리 이야기 나누기'의 의의에 대하여 살펴보겠습니다.

아무리 잘 생각했다고 하더라도 한 사람만의 생각은 한계성, 편파성, 일면성을 면하기가 어렵습니다. 그러므

로 같은 하나의 문제에 대하여 자기 나름의 생각을 가진 복수의 사람들이 각자의 생각을 아낌없이 내놓고 토의하고 토론하면, 어떤 개인의 생각보다 우수한 아이디어를 얻어낼 수 있음은 주지하는 바와 같습니다.

본 수업의 경우 T_{32} C와 B 배열의 잘못을 지적하는 아이는 없는데, 이것은 짝꿍끼리 이야기 나누게 한 후에 파악한 수임에 유의해야 합니다. 다시 말하면 짝꿍끼리 이야기 나누기 이전에는 B 및 C 배열이 잘못됐다고 생각했던 아이들이 있었는지도 모릅니다. 혹 있었다면 이는 짝꿍으로부터 배움으로써 터득하여 생각을 바꾸었을 것입니다.

여기에 이웃과 더불어 생각하는 생산적 의미가 있다고 생각합니다. 짝꿍끼리 이야기 나누기를 통해 사고가 넓어지고 깊어지기 위한 대전제 조건은 당면한 문제에 대하여 각자가 '자기 나름의 생각'을 확립하여 기록하는 일이라고 하겠습니다.

짝꿍끼리 이야기 나누기야말로 전원을 제대로 학습할 수 있게 하는 필수조건의 하나라고 생각합니다.

T$_{33}$ 무엇을 보고 Ⓐ배열이 잘못됐다고 판단하였습니까?

(잠시 생각하게 한 후에 W어린이를 지명한다)

C$_{19}$ ㉱문단의 '또'는 예를 다 들고, 끝으로 하나 더 예를 들 때 '끝으로 하나 더'라는 뜻으로 쓰는 것이므로 Ⓐ배열은 잘못되어 있습니다.

T$_{34}$ '나도 그런 생각 했다'는 사람, 손드세요.

Cn (거수한다)

T$_{35}$ (손을 머리에 얹고) 슬기로운 머리! 동그라미 하나 더 그려 넣으세요. W가 매우 잘 설명했습니다. 다시 말하면 '바늘'과 '얼음' 두 가지 예를 들고, '난로'를 하나 더 예로 들게 됨으로써 '또'를 말한 것입니다.

[해설 14]
본 수업에서 가끔 지명 발표를 시키고 있는데 이것은 흔히 하는 것처럼, 발문에 이어서 곧 바로 거수하게 하고, 그중의 하나를 지명하여 발표시키는 '발문－거수－지명형 발표' 방법과는 완전히 다릅니다. 거수시

키지 아니하고 상황이나 장면에 따라 의도적으로 선택하여 지명하는 것입니다. 이것은 세 가지 경우가 있습니다.

① 특정 아이의 개인적 반응을 파악하고자 할 때.

② 어떤 특정 수준의 아이들이나, 특정한 생각의 내용을 파악하고자 할 때.

③ 표준적인 생각을 발표시켜 전원으로 하여금 각자의 생각과 비교 검토케 하여, 각자의 생각을 수정하거나 배우도록 하고자 할 때.

필자는 이 지명법을 '선택적 지명법'이라고 부르고 있습니다.

T_{36} ⑧, ⓒ의 배열은 어느 것이 옳을까요? 각자 생각해 보고, 짝꿍끼리 이야기 나누세요.

T_{37} (짝꿍 이야기가 이루어진 것을 확인하고) ⑧가 옳다고 생각하는 사람?

Cn (전원이 거수한다).

T_{38} ⓒ가 옳다고 생각하는 사람?

Cn (전원이 거수한다).

T$_{39}$ (H어린이를 지명하여) 그렇게 생각하는 근거는?

C$_{22}$ ㉺, ㉴ 문단은 어느 것을 먼저 말하나, 나중에 말하나 상관이 없어 Ⓑ, Ⓒ 모두 옳습니다.

T$_{40}$ '나도 그렇게 생각 한다'는 사람 손드세요.

Cn 전원이 거수한다.

T$_{41}$ 그렇습니다. (머리에 손을 얹고) 슬기로운 머리! 동그라미를 또 하나 칩시다.

T$_{42}$ 이 글을 지은이는 Ⓑ와 같이 배열하였습니다(말을 마친 후 Ⓑ는 그대로 붙여 놓고 Ⓐ, Ⓒ중에서 Ⓒ를 떼어 버리고 Ⓐ는 남긴다. 칠판엔 Ⓐ와 Ⓑ가 남아 있다. 이어서 Ⓐ를 문단을 뒤바꿔 놓았던 처음과 같은 배열로 고쳐 붙인다. 그러니까 칠판에는 Ⓐ〈문단의 배열이 뒤바뀌어 있는 것〉와 Ⓑ〈올바른 순서로 배열된

[그림 6]

Ⓐ 문단의 순서를 뒤바꿔 놓은 것		Ⓑ 올바른 순서로 배열 된 것	
㉮$_5$	- - - - - - - -	①$_{바}$	- - - - - - - -
㉯$_2$	- - - - - - - -	②$_{나}$	- - - - - - - -
㉰$_6$	- - - - - - - -	③$_{마}$	- - - - - - - -
㉱$_4$	- - - - - - - -	④$_{라}$	- - - - - - - -
㉲$_3$	- - - - - - - -	⑤$_{가}$	- - - - - - - -
㉳$_1$	- - - - - - - -	⑥$_{다}$	- - - - - - - -

것)이 [그림 6]과 같이 칠판에 나란히 붙어있다).

T₄₃ 그럼 (Ⓐ와 Ⓑ를 가리키며) Ⓐ와 Ⓑ를 비교해 봅시다. Ⓐ는 처음과 같이 문단의 배열순서가 뒤바뀌어 있으며, Ⓑ는 올바른 순서로 배열되어 있습니다. 문단의 배열순서가 다른 Ⓐ와 Ⓑ를 비교하여 읽어 보세요. '아하!' 하고 한 가지를 알게 될 것입니다. 자 그럼 시작하세요. 시간은 2분 동안입니다.

Cn (각자 Ⓐ, Ⓑ를 읽으며 생각한다)

T₄₄ (3분간 아이들이 실컷 생각했을 시점에 '순이'를 등장시켜 말한다) 시간이 지났으니 선생님을 보세요. 선생님은 다른 학교의 5학년에서도 이 수업을 하였습니다. 그때 그 학급의 '순이'라는 아이가 이 대목에서 다음과 같이 말했어요. 잘 들어 보세요.

"Ⓐ와 Ⓑ는 각 문단의 내용이 똑같으며, 문단의 배열순서만 다를 뿐입니다. 그런데 Ⓐ는 옳지 않고 Ⓑ는 옳다고 합니다. 문단의 내용은 똑같은데, 배열순서 때문에 Ⓐ는 옳지 않고 Ⓑ는 옳다고 할 수 있을까요? Ⓐ로 배열하느냐 Ⓑ로 배열하느냐는 지은이의 생각에 달려 있는 것입니다. 지은이가 자신의 생각이 잘 전달되는 배열을 Ⓐ로 생각하면 배열을 Ⓐ로 할 것이고, Ⓑ로 생각하면 Ⓑ로 배열하는 것입니다. 지은이의 생각(주장)을 전하는 데는 문단의 내용이 중요합니다. 내용이 똑같으니까 그 배열순서를 Ⓐ로 하나 Ⓑ로 하나 지은이의 생각(주장)은 제대로 전달될 것입니다. 그러므로 Ⓐ, Ⓑ가 똑같이 옳다고 생각합니다."

　이것이 순이의 생각입니다(하고 교사가 순이를 대신하여 말한다).

　Cn (순이의 생각을 경청한다)

　T₄₅ 순이의 생각에 대하여 어떻게 생각합니까? 찬성하면 O표를, 찬성하지 않는 사람은 X표를 노트에 쓰세요.

　Cn (O, X를 노트한다)

　T₄₆ (전원이 O, X를 노트하였음을 확인하고 O, X별로 거수시켜 인원수를 파악한다)

[해설 15]
'순이'는 학급 아이들과 동학년인 실존하지 않는 가상의 아이입니다. 그러니까 T₄₄에서 '다른 학교의 5학년에서도 이 수업을 하였는데, 이 대목에서 순이는 다음

과 같이 말했습니다'라는 말은 있었던 사실은 아닙니다. 아이들의 라이벌 의식과 사고를 촉발하기 위해서 등장시킨 것입니다.

아이들 전원의 생각이 완전히 일치되어 더 이상 움직이지 않고 있을 때, 그러니까 사고 활동이 멈춰 있을 때 순이를 등장시켜, 아이들이 사로잡혀 있는 생각과 정반대되는, 그것을 완전히 부정해 버리는 생각을 순이로 하여금 제시하게 하여 공격하게 하는 것입니다.

사람은 자신의 생각과 모순되거나 부정하는 의견과 맞섰을 때에는 지적 균형을 잃게 되며, 잃어버린 균형을 회복하기 위해서 노력하게 되는 데, 이 노력이 이른바 '사고'입니다.

수업은 아이로 하여금 부단히 사고하게 해야 하는데, 그를 위해 '순이'를 등장시키는 일은 매우 효과적인 기술의 하나입니다.

하여간 순이는 매우 그럴듯한 논리로 아이들을 헷갈리게 하고, 지적 곤경에 빠뜨리기도 합니다. 순이는 학급 아이들과 어긋나는 생각만 제시하는 것이 아니라, 학급 아이들이 어려움에 부딪혀 있을 때는 힌트나 자료를 제공하여 도움을 주는 등의 다양한 구실을 함

으로써, 아이 전원의 심진(心震)을 일으키고, 학습의
능동적 주체로 전환시켜 주곤 합니다.
순이의 말은 교사가 대신해주는 형식으로 활용하면
됩니다.

O ········· 6명

X ········· 18명

T$_{47}$ 찬성 또는 찬성하지 않는 이유를 잠깐 정리하여 보세
요. 정리하였으면 짝꿍끼리 이야기 나누세요.

Cn (짝꿍끼리 이야기 나눈다)

T$_{48}$ (짝꿍끼리 이야기했는지 확인하고) 찬성한 6명은 앞으로
나와서 3명씩 모둠을 만들어 바닥에 앉아서 이유를 이야기
나누세요. 찬성하지 않은 18명은 이웃끼리 모둠을 만들어
이유를 이야기 나누세요. 시간은 2분 동안입니다.

Cn (모둠별로 이야기 나눈다)

T$_{49}$ (2분 경과 후 각자의 자리로 복귀시킨 후 양쪽에서 각 한

사람씩을 지명하여 발표하게 한다)

C$_{29}$ · 찬성 쪽 … 주장을 전할 때 전할 내용이 첫째로 중요하고, 다른 것은 그 다음입니다.

· 반대 쪽 … 전하고자 하는 내용이 잘 전달되어야 하는데, 그러기 위해서는 말하는 순서가 좋아야 알아듣기 쉽습니다.

T$_{50}$ 양쪽 발표를 듣고 보충 발표하고 싶은 사람은 발표하세요.

C$_{30}$ (보충 발표한다) Ⓐ는 앞에서 해야 할 말을 뒤에서 하고, 뒤에서 해야 할 말을 앞에서 말을 하고 있습니다.

T$_{51}$ '나도 그런 생각했었다'는 사람 손 들어보세요.

Cp (수 명의 아이가 거수한다)

T$_{52}$ (손을 머리에 얹고) 슬기로운 머리! 동그라미를 그려 넣으세요.

T$_{53}$ C$_{30}$어린이가 말한 대로 Ⓐ는 맨 처음에 하여야 하는 말을 맨 끝에서 하고 있습니다. 이와 같이 Ⓐ는 문단의 배열 순서가 뒤바뀐 글입니다. 그래서 지은이가 읽는 이에게 전하고 싶은 말, 곧 주장이 제대로 전해지기 어렵습니다.

설명문에는 문단의 배열에 순서가 있습니다. '문단의 배열 순서'라고 말합니다. ('문단의 배열순서'라고 판서한다) (Ⓑ배열을 가리키며) Ⓑ는 이 '문단의 배열순서'에 딱 맞게 씌어 있습니다. 그래서 지은이가 전하고자 하는 생각 곧 주장이 읽는 이에게 제대로 전해지고 있습니다. Ⓐ와 Ⓑ를 소리 맞춰 읽어 보며 비교하여 봅시다.

Cn (일제 음독한다)

T_{54} 어느 쪽이 지은이의 생각 곧 주장을 확실하게 알 수 있습니까?

Cn Ⓑ입니다.

[해설 16]

여기서는 수업의 후반에서 당면한 문제를 해결하려는 사고를 할 때 필요한 정보, 다시 말하면 '지은이의 생각을 읽는 이에게 전함에 있어 문단의 배열순서가 매우 중요한 구실을 함'을 판단할 수 있는 정보를 군데군데에서 흘리고 있습니다. 말하자면 다음에 부딪치게 되는 문제의 해결을 위해 필요한 정보를 의도적으로 사전에 제공하는 일, 곧 포석(布石)을 두고 있는 겁니다.

T$_{55}$ 그럼 이 시간에 무엇을 공부하였는가를 정리해 봅시다. 선생님이 판서한 대로 노트하고 ☐ 안에 알맞은 말을 써 넣으세요. 써 넣었으면 짝꿍끼리 뭐라고 써 넣었는가를 알아보세요.

> 지은이의 생각 곧 주장은 [＿＿＿＿＿＿＿＿] 가
> 제대로 됐을 때에 제대로 전해진다.

Cn (판서 내용을 옮겨 쓰고, ☐ 안에 써 넣고, 짝꿍끼리 '보여주고, 보기'를 한다)

T$_{56}$ (전원이 썼음을 확인하고) 뭐라고 써 넣습니까?

Cn '문단의 배열순서.'

T$_{57}$ 그렇습니다. 이 시간 공부를 한 마디로 말하면 '문단의 배열순서'입니다. (손을 머리에 얹으며) 슬기로운 머리! 동그라미를 하나씩 그립시다.

T$_{58}$ 그러면 이 시간 공부를 하고나니 의문 나는 점 또는 더 알고 싶은 점을 짧게 포스트잇에 써서 제출해 주세요. 시간은 2분입니다.

Cn (포스트잇에 쓴 차례대로 제출한다)

T$_{59}$ (제출되는 대로 내용에 따라 분류해 놓는다)

[해설 17]

하나의 문제를 해결하고 나면 '그렇다면 이것은(이 경우는) 어떻게 될까?' 하는 물음이 내발하는 것이 일반적입니다. 따라서 이것을 묻는 일이 이 단계에서 해야 할 중요한 일의 하나입니다.

문제의식을 갖고 다음 시간 학습에 대한 기대적 흥미를 갖도록 해야 하는 바, 이때 내발되는 물음을 필자는 '그렇다면 물음'이라고 부르고 있습니다.

T$_{60}$ (전원 제출했음을 확인하고 다음을 판서한다)

· 문단의 배열순서는 무엇입니까?

· 문단은 어떤 순서로 배열합니까?

제출된 내용을 정리하여 보니, 공통되는 의문점, 더 알고 싶은 점은 이와 같습니다. 이것에 대해선 다음 시간에 공부하기로 하겠습니다. 노트하여 다음 시간까지 생각해 보도록 합시다.

이 시간 공부, 한 사람도 빠짐없이 매우 열심히 잘하였습니다. 각자 이 시간 동안에 얼마나 슬기로워졌는지 세어보세요.

[해설 18]

수업의 종결 단계에서 그동안의 학습을 통해서 얻어낸 '결과'를 수속정리(收束整理)하는 일이 매우 중요함은 주지하는 바와 같습니다.

결과를 얻어내기까지의 과정에서, 아이들은 여러 가지 생각을 하고, 발표하고 토의하고 토론하였기 때문에 전후좌우가 정리되지 않은 채 어질러진 상태입니다. 일부의 아이들은 자력으로 이것을 정리하여 핵심을 파악할 수 있지만, 대부분의 아이들은 그렇게 하기 어려워합니다. 그래서 뭔가를 많이 논의하고 행하였지만, 핵심을 파악하지 못한 채 머릿속이 어질러진 상태입니다.

따라서 마지막 단계에서 교사가 핵심을 야무지게 수속정리(收束整理)하지 않으면 이 단계에서 제대로 학습한 아이군(群)과 불완전하게 학습하거나 실패하는 아이군의 양군으로 분열되어 버립니다.

이 도서의 국립중앙도서관 출판예정도서목록(CIP)은 서지정보유통지원시스템 홈페이지(http://seoji.nl.go.kr)와 국가자료공동목록시스템(http://www.nl.go.kr/kolisnet)에서 이용하실 수 있습니다.(CIP제어번호: CIP2015016037)

모두가 참여하는
수업에는 법칙이 있다

2015년 6월 23일 초판 1쇄 발행
2022년 4월 25일 1판 5쇄 발행
지은이 한형식
펴낸이 이형세
인쇄·제본 두성 P&L
펴낸곳 테크빌교육(주)
주소 서울시 강남구 언주로 551, 5층, 8층(역삼동, 프라자빌딩)
전화 02-3442-7783(333)
팩스 02-3442-7793
ISBN 978-89-93879-73-5
정가 17,000원